Ullstein Sachbuch

Ullstein Sachbuch
Ullstein Buch Nr. 34031
im Verlag Ullstein GmbH,
Frankfurt/M – Berlin – Wien
Titel der amerikanischen
Originalausgabe: »The Failure
of Modern Architecture«
Übersetzt und bearbeitet
von Georg G. Meerwein

Deutsche Erstausgabe

Umschlagentwurf: Jürgen Spohn
Layout: Elisabeth v. Maltzahn
Alle Rechte vorbehalten
Copyright © 1976 by Brent Brolin
© der deutschen Ausgabe 1980
by Verlag Ullstein GmbH,
Frankfurt/M – Berlin – Wien
Printed in Germany 1980
Gesamtherstellung: Ebner Ulm
ISBN 3 548 34031 8

September 1980

CIP-Kurztitelaufnahme der
Deutschen Bibliothek

**Brolin, Brent C.:**
Das Versagen der modernen Architektur /
Brent C. Brolin. [Übers. von Georg
G. Meerwein]. – Dt. Erstausg. –
Frankfurt/M, Berlin, Wien: Ullstein, 1980.
   ([Ullstein-Bücher] Ullstein-Buch;
   Nr. 34031: Ullstein-Sachbuch)
   Einheitssacht.: The failure of modern
   architecture <dt.>
   ISBN 3-548-34031-8

Brent C.
Brolin

Das Versagen
der modernen
Architektur

Ullstein Sachbuch

# Inhalt

# Vorwort

Mehr als ein halbes Jahrhundert lang hat sich die moderne Architektur an Prinzipien des 19. Jahrhunderts ausgerichtet. Es ist schwer, über die Grenzen der modernen Ideologie hinauszuschauen, denn wir sind dazu erzogen worden, sie als die einzig annehmbare Zusammenfassung architektonischer Richtlinien anzusehen. Sie ist zum geheiligten Kompendium des Wissens geworden, gilt als jederzeit anwendbar und wird selten, wenn überhaupt, in Frage gestellt. Ihre Glaubenssätze sind uns so in Fleisch und Blut übergegangen, daß ihre Befolgung zur reinen Reflexhandlung geworden ist. Es ist schier unmöglich, daß unsere Gedanken in eine andere Richtung gehen könnten. Und doch sind diese Prinzipien nicht mehr anzuwenden auf die Welt, in der heute der Architekt wirkt.

Die Idee zu diesem Buch kam mir vor ungefähr acht Jahren, als ich, die Universität und die höhere Sphäre der Architekturlehre hinter mir lassend, mit der realen Welt in Berührung kam und in die Praxis umzusetzen suchte, was man mir beigebracht hatte. Ich erkannte bald, daß die Regeln, die man in der Universität lehrte, in der Praxis sich als belanglos, ja sogar als verhängnisvoll erwiesen, und ich begann mich zu fragen, wie es dazu gekommen war, daß eben diese Regeln den zukünftigen Architekten an den Hochschulen allein und ausschließlich beigebracht werden. Die moderne Architekturideologie ist zur heiligen Kuh geworden. Ich hoffe, daß dieses Buch dazu beitragen wird, den Laien wie den Architekturstudenten davon zu befreien, indem es ihnen einen Einblick in ihre Entstehungsgeschichte gibt. Wenn ihnen klar wird, wie indirekt und belanglos die kulturellen Ansätze waren, aus denen jene Ideen erwuchsen, läßt sich hoffen, daß sie um so deutlicher erkennen, warum diese Glaubensgrundsätze keine annehmbare Basis mehr bieten für die Architektur des zwanzigsten Jahrhunderts.

1976                                    Brent C. Brolin

# I. Einführung

Moderne Architekten stehen heute vor Problemen, zu deren Bewältigung sie kaum ausgebildet sind.

Nach fünfzig Jahren der Indoktrination bleibt der überwiegende Teil der Öffentlichkeit gleichgültig oder ablehnend gegenüber der modernen Ästhetik. Die vorausgesagte weltweite Anerkennung und Übernahme der modernen Architektur ist niemals Wirklichkeit geworden.

Es erweist sich, daß überall in der Welt die Konzepte der modernen Architektur und Stadtplanung versagt haben, wo immer der Architekt die sozialen und ästhetischen Wertvorstellungen des Benutzers außer acht ließ. Etliche Anzeichen sprechen für diese Situation, dazu gehören:

Ein zunehmender Widerstand gegen die Einfügung moderner Bauten in einen historisch gewachsenen Bestand, wenn diese, statt sich anzupassen, lieber »anders« sein wollen. Und eine neue Bereitschaft in Kulturen außerhalb der westlichen Welt, sich wieder auf ihre eigene Tradition zu besinnen und visuelle wie gesellschaftliche Wertvorstellungen zurückzugewinnen, während sie vordem aus einem Gefühl kultureller Unterlegenheit heraus die moderne Architektur angenommen hatten.

Zu dieser Desillusionierung, dieser Abkehr von der modernen Architektur ist es gekommen, weil die Architekten ihre Wertvorstellungen einer Öffentlichkeit aufzwangen, die sie nicht teilte.

*Aufzwingung visueller Wertvorstellungen*

Die Verfechter der modernen internationalen Architektur sagen, daß ihre universale Formensprache das logische Resultat des rationalen Entwurfs für das Bauen mit neuen Materialien und in neuen Techniken sei. Dem verwirrten Betrachter wird erklärt, daß diese Formen, traditionslos, ohne Beziehungen zu Vergangenem oder noch Beste-

Yale University, Art Gallery – dem alten Galeriegebäude wurde ein neuer Trakt zugefügt, Architekt Louis Kahn, 1953

Venedig – alte und neue Bauten

Sanaa, Jemen – alte und neue Häuser

Washington, D. C., Wohnhochhaus –
Anonymität ist das hervorstechende
Merkmal

New York,
N. Y., Avenue of the
Americas,
Bürohochhäuser, etwa
1960 bis 1970

Boston, Mass., City Hall,
Architekten Kallman,
McKinnel und Knowles,
1966

11

New York, N. Y., Kips
Bay Apartments,
Architekt I. M. Pei, 1965
Alexandria, Va., Vor-
stadthäuser – die kalte
Anonymität der
modernen Wohnhoch-
häuser steht im
eklatanten Gegensatz
zum menschlichen Maß
der herkömmlichen
Vorstadt- und
Siedlungshäuser

hendem, »funktionsgerecht« oder »wirtschaftlich« seien, oder »bedingt durch neue Materialien und Techniken«, doch dies sind schlechterdings nur Erklärungsversuche für bevorzugte Stileigenheiten. Niemand kann behaupten, daß die modernen Formen praktisch unausweichlich wären.

Moderne Bauten treten mit Absicht wider ihre älteren Nachbarn an, statt sich in Frieden zu ihnen zu gesellen. Sie wollen schockieren, statt sich harmonisch einzufügen.

Während die Urheber mit Stolz auf ihre moderne Architektur schauen, betrachten die Laien sie mit Mißtrauen. Auf der Weltausstellung 1970 in Osaka zeigte man eine »Stadt von morgen«, in der die fortschrittlichsten Ideen moderner Architektur und Städteplanung verwirklicht waren. Die offiziellen Führer, unberührt von diesen Vorzügen, erläuterten dieses Paradestück den staunenden Besuchern als »Stadt der Sorgen«.

Selbst mit Preisen und Auszeichnungen bedachte Beispiele moderner Architektur finden selten einmal Anklang bei der Bevölkerung, wie etwa das Rathaus der Stadt Boston. Die Gleichgültigkeit einer breiteren Öffentlichkeit erklärt sich vor allem aus der Tatsache, daß die meisten Menschen von dem sterilen Ausdruck moderner Bauten abgeschreckt werden und gar nicht interessiert sind an den intellektuellen Vorstellungen, die sich mit solchen Bauten verbinden sollen.

Wo immer in der Welt die westliche Zivilisation Eingang gefunden hat, breiten sich unpersönliche Formen aus und überwuchern das traditionelle Bild der Metropolen, der Kleinstädte, der Dörfer. Es ist kaum zehn, zwanzig Jahre her, daß der Reisende noch unerwartet reizvolle Entdeckungen machen konnte, während er heute nichts als beklemmende Einförmigkeit in der Architektur findet. Er fliegt von New York nach Teheran – oder Kabul oder Neu-Delhi oder Hongkong – und wird kaum gewahr, daß er in einem anderen Land angekommen ist.

Trotz der vorherrschenden und von der modernen Architektur offensichtlich noch bestärkten Überzeugung, daß die Zivilisation überall in der technisierten Gesellschaft auf einen Nenner zu bringen sei, bleibt doch eine jede Kultur eng mit ihrer eigenen Vergangenheit verbunden. Diese Verbundenheit findet ihren Ausdruck nicht zuletzt in visuellen Traditionen, aber diese sind aus den modernen Städten in aller Welt verbannt. Das ist in der Tat ein geistiger Verlust, und die Menschen fühlen ihn, welcher Kultur sie auch angehören.

Kabul, Afghanistan,
moderne Wohnhäuser

Taipei, Taiwan, moderne
Wohnhochhäuser

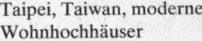

Teheran, Iran,
moderne Wohnhäuser

Die visuellen Vorstellungen, die sich die moderne Bewegung zu eigen gemacht hatte, waren begleitet von unausgesprochen vorausgesetzten Ansichten über die Lebensweise des Menschen, über die Art, wie er lebt oder wie er leben sollte – Ansichten, die bestimmt wurden von den persönlichen Wertvorstellungen des Architekten, und die in jeden Bau eingeplant wurden mit der Anordnung der Fenster, Türen und Wände. Der Architekt war überzeugt, daß die Welt diese Wertvorstellungen teile, daß sie sich jedenfalls über kurz oder lang durchsetzen würden. Das aber ist nicht geschehen, sie sind im großen und ganzen der Ablehnung verfallen.

Ob Laie oder Fachmann, kaum einer hat eine Alternative zu bieten zu der sterilen, charakterlosen, beliebig austauschbaren Architektur, die sich überall ausgebreitet hat, und zu der festgefahrenen Ideologie, die um deren Verteidigung bemüht ist. Unter den Laien reicht die breite Skala der Meinungen von der Resignation – die nackten Formen der modernen Architektur fügen sich eben den Erfordernissen der Wirtschaftlichkeit – bis zum Enthusiasmus – diese Architektur steht als Zeichen für Wirtschaftswachstum und Fortschritt. So unterschiedlich auch die Standpunkte, allen gemeinsam ist offenbar der Glaube, daß es keine andere Wahl gegeben habe, ist doch die moderne Architektur niemals als ein besonderer »Stil« proklamiert und definiert worden; man hat sie so lange als eine »Bewegung« angesehen, die den Gesetzen der »Wahrhaftigkeit« folgte, daß es nachgerade unvorstellbar geworden ist, sie könne vielleicht nichts anderes sein als eine Anhäufung von willkürlich bevorzugten und allmählich zum System geordneten ästhetischen Prinzipien. Mittlerweile ist dieses System zur ideologischen Falle geworden, in der sich der Fachmann wie der Nichtfachmann findet, sobald man ihn nur einmal mit dessen Lehrsätzen vertraut gemacht hat.

Doch es gibt Alternativen, wie in den folgenden Kapiteln gezeigt werden soll. Wenn sich Architekten und interessierte Laien erst einmal mit diesen Alternativen zu beschäftigen beginnen, so werden sie bald erkennen, daß die strengen, kargen Formen der modernen Architektur durchaus nicht das letzte Wort sind und daß von den Geboten einer modernen Moralität, mit denen man in Konflikt geraten könnte, nicht die Spur zu finden ist, denn die »Wahrhaftigkeit« der Bewegung entbehrt jeder moralischen Grundlage.

Um dies zu erkennen, müssen wir uns zunächst einmal alles aus dem Kopf schlagen, was uns moderne Architekten ein halbes Jahrhundert lang gepredigt haben. Dabei sollen die folgenden Kapitel helfen, indem sie die verschiedenen kulturellen Strömungen des neunzehnten Jahrhunderts beschreiben, die schließlich den Wurzelgrund bildeten, aus dem das stilistische Kalkül der modernen Architektur erwuchs – das System der alleinherrschenden Lehrmeinung, das in Frage zu stellen heute so schwer fällt. Die Anwendung jener visuellen und sozialen Voraussetzungen in der Praxis wird an Einzelbeispielen untersucht und in zwei umfassenden Fallstudien erläutert. Zum Abschluß werden dann im letzten Kapitel die Grenzen der Einflußnahme des Architekten und das Ausmaß seiner Verantwortlichkeit in unserer Welt der kulturellen Vielfalt erörtert.

# II. Die kulturellen Wurzeln der modernen Architektur

Das frühe zwanzigste Jahrhundert erlebte eine Revolution in der Architektur. Alle traditionellen Baustile und Stilrichtungen wurden für null und nichtig erklärt – der Bruch mit der Tradition gipfelte zuletzt in der Überzeugung, daß die Anbringung von Schmuck am Bauwerk ein Verbrechen sei. Statt einen Michelangelo zu bewundern oder die Kathedralen der Gotik, wie es die Architekten vordem getan hatten, wandte man sich nun den Flugzeugen, den Fabriken, den Maschinen zu, ließ sich von ihnen inspirieren. Diese ästhetische Revolution fußte hauptsächlich auf zwei Entwicklungstendenzen der jüngeren Zeit.

1. Die Entwicklung der Technologie im neunzehnten Jahrhundert erschloß dem Baumeister neue Materialien. Als man die Möglichkeiten zu erforschen begann, die Eisen und Stahl, Eisenbeton und Glas am Bau boten, wurden diese zunächst nicht als »architektonische« Materialien angesehen. Der architektonische Entwurf ging weiterhin von historischen Vorbildern aus, und für diese neuen Baustoffe gab es keine Vorbilder. Dann aber gingen die Modernisten daran, diese neuen Materialien voll und ganz einzusetzen, um mit ihrer Hilfe Lösungen zu finden für die architektonischen und städtebaulichen Probleme der Neuzeit. Der Bruch mit der architektonischen Tradition erleichterte den ungehemmten Umgang mit den neuen Materialien und Bauweisen.

2. Die Hochblüte des Kapitalismus im neunzehnten Jahrhundert brachte das stetige Wachstum einer wohlhabenden Mittelschicht hervor. Fabrikmäßig hergestellte Waren kamen zu erschwinglichen Preisen auf den Markt, und damit fand nun auch die Mittelschicht Zugang zu Gütern, die sich vordem nur die Reichen leisten konnten. Die Vielfalt der Stilrichtungen und der Erfindungsreichtum der Ornamentik im neunzehnten Jahrhundert waren überwältigend, doch es konnte nicht ausbleiben, daß unter Künstlern und Kritikern der Unmut wuchs über die unbekümmerte Aufnahme des Angebots und die mangelnde Sicherheit in Fragen des Geschmacks.

Künstler suchten das durch die Produktionsmöglichkeiten ausgelöste und durch die wachsende Nachfrage stimulierte Ausufern der Stilrichtungen einzudämmen, indem sie Regeln zur Unterscheidung zwischen gutem und schlechtem Ornament, zwischen funktionsgerechter und funktionswidriger Form aufstellten. Die Richtlinien halfen nichts, der Markt blieb davon unberührt – die Mittelschicht ließ nicht von ihrer Sucht nach üppigem Ornament, sie wollte keine Anleitung.

Der Wildwuchs des Ornaments war ein entscheidender Faktor in der zunehmenden Entfremdung des Architekten von der Gesellschaft, die in der modernen Architekturrevolution gipfelte. Für den Architekten war mit dieser Revolution das Problem des Geschmacks, der Wünsche und Vorstellungen der Mittelschichten gelöst – diese Vorstellungen waren für ihn nicht mehr als Alternative zu berücksichtigen, existierten nicht mehr. Mit der Forderung nach dem Verzicht auf alle Traditionen stampften die Modernisten eine völlig neue Ästhetik aus dem Boden. Blieb nur die Frage, ob man ihnen allgemein folgen würde. Und man ist ihnen nicht gefolgt. Jener Bruch mit eingewurzelten, weitverbreiteten Vorstellungen bedeutete den Beginn der elitären modernen Architektur unserer Tage.

Um den Bruch mit der Tradition allgemein verständlich und annehmbar zu machen, mußten Regeln von nachhaltig wirkender moralischer Überzeugungskraft aufgestellt werden. In dem Bemühen, die neue Architektur zu legitimieren, beschrieben Vorkämpfer der Bewegung wie etwa Walter Gropius ihre Schöpfungen als das »unausbleibliche Ergebnis« eines logischen Entwurfsprozesses. Die moderne Architektur, so wurde erklärt, erhielt ihr tatsächliches Aussehen einfach deshalb, weil die Architekten bestimmten Forderungen gehorchten: nach *Ehrlichkeit* des Materials, nach *Ehrlichkeit* der Struktur, nach *Ehrlichkeit* der Form als Ausdruck der Funktion, nach freimütiger Bevorzugung der *Einfachheit* (als einer evolutionsbedingten Tendenz) nach einer *Ehrlichkeit*, die in der Architektur den Geist der eigenen Zeit widerspiegelt, statt auf Elemente der Vergangenheit zurückzugreifen. Von der *Wahrheit* vor sich selbst sollte sich der Architekt leiten lassen. Der moralische Anspruch der modernen Architektur hatte bedeutsame Vorteile: Stile wandeln sich, sie kommen und gehen, doch zur Wahrheit gibt es keine Alternative.

Als die offensichtlichen Quellen, aus denen die moderne Architektur ihre visuelle Inspiration schöpfte, finden sich Eigenschaften, die zuerst an den technischen Schöpfungen der Neuzeit hervortraten: an Flugzeugen und Schiffen, an Maschinen und Motoren, an Industrieanlagen. Grundlegende Einfachheit, abstrakte »Reinheit« und kalte Präzision sind die gemeinsamen Merkmale. Auf ihnen baute die antitraditionelle Ikonographie der modernen Architektur auf.

Intuitiv waren sich die Modernisten darüber im klaren, wie unpopulär ihre Grundhaltung war. So waren sie darauf bedacht, ihre selektive Ästhetik nicht allein mit visuellen Vorzügen zu begründen. Sie haben niemals behauptet, daß die moderne Architektur Anklang finden würde, weil sie schöner ist als die traditionelle Architektur. Obwohl sich ihre Theorien auf eine *visuelle* Kunst bezogen, führten sie für deren visuelle Ausprägung ausschließlich *moralische* Beweggründe ins Feld.

Die Ehrlichkeiten und Wahrheiten, mit denen die Modernisten noch immer ihre Architektur verteidigen, stehen in keiner unmittelbaren Beziehung zu den Faktoren, die Gebäude wirkungsvoll und Städte bewohnbar machen. Die Wahrheiten der neuen Architektur sind abgeleitet aus Traditionen des Protestantismus, aus kapitalistischen Vorstellungen des neunzehnten Jahrhunderts und aus der wachsenden Beeinflussung des täglichen Lebens durch Wissenschaft und Technik. Die Wirksamkeit dieser Wahrheiten, mit denen die Architekten hier argumentierten, beruhte gerade auf der Tatsache, daß sie auf die Grundvoraussetzungen der abendländischen Industriegesellschaft zurückführten.

Die Übertragung von Vorstellungen so unterschiedlicher Herkunft auf die Architektur geschah vorwiegend auf dem Wege der gedanklichen Assoziation. Haben sich ein Leitbild oder eine Verfahrensweise einmal auf dem einen Gebiet bewährt, so werden sie oft unbewußt und undurchdacht auch auf einem ganz anderen Gebiet angewandt. Ein Nimbus umgibt das Erfolgsträchtige, das Neuartige, er strahlt aus, ermöglicht den Übergang vom ursprünglichen Zusammenhang in das neue Wirkungsfeld und läßt gedankliche Assoziationen zu, die von ganz allein die unreflektierte Übernahme sichern. Die Werbung, um nur ein Beispiel zu nennen, macht sich häufig diese Art der gedanklichen Assoziation zunutze, und so findet man heute etwa Geräteformen, die für die Raumfahrt entwickelt wurden, auf alle möglichen Dinge übertragen – in Gestalt des Astronautenhelms präsentieren sich dann Feuerzeuge, Whiskyflaschen und komplette Stereo-Anlagen.

So setzten die modernen Architekten, indem sie sich gedanklicher Assoziationen bedienten, die jeder rationalen Basis entbehrten, auf das moralische Gewicht von Vorstellungen, die von der Gesellschaft bereits akzeptiert waren, um damit ihre im wesentlichen unpopulären Leitsätze zur verbindlichen Richtschnur zu machen. Die solcherart der Architektur aufgepfropften Prinzipien leiteten sich von einer Reihe unterschiedlicher Einflüsse her.

1. Vom Kapitalismus – jenem System, unter dem sich alle Energie auf die ständige Steigerung der Leistungsfähigkeit richtet, auf die Erzielung eines möglichst großen Ertrags mit dem Einsatz möglichst geringer Investitionsmittel – übernahmen die Modernisten die vom Verstand wie vom Gefühl bestimmte Bevorzugung eines nüchternen, funktionellen Entwurfs. Damit war der Ansatz zum Verzicht auf alle Elemente gegeben, die keinem offenkundig praktischen Zweck dienten – dies betraf nicht zuletzt das Ornament – und zur Ablehnung einer visuellen Ausgestaltung zugunsten einfacher Formen, die doch den einfachen Grundbedürfnissen des Lebens angemessener wären.

2. Aus der protestantischen Ethik, die nicht der Moral unterliegende Tätigkeiten wie etwa die »harte Arbeit« mit moralischen Wertungen versah, kam die Neigung, moralische Wertungen auf nicht-moralische, besonders auf ästhetische Prinzipien zu übertragen. Wahrheit und Schönheit sind oft miteinander in Verbindung gebracht worden, doch die moderne Bewegung hatte eine recht exakte Formel für deren Verbindung anzubieten: Es sei ehrlich und schön zugleich, wenn man die Materialien in ihrem natürlichen Zustand zeigte – unehrlich und häßlich, wenn man sie verkleidete; es sei ehrlich, die Struktur eines Bauwerks auch äußerlich sichtbar zu machen – unehrlich, sie zu verbergen; es sei ehrlich, die Funktion eines Bauwerks klar auszudrücken – unehrlich, sie zu vertuschen. Man glaubte, daß mit der Anwendung dieser und anderer moralischer Imperative bereits unmittelbare, wirksame Schritte unternommen wären, um der städtebaulichen Probleme Herr zu werden.

3. Eine Selbstgerechtigkeit, die sich nur mit der Überzeugung christlicher Missionare des neunzehnten Jahrhunderts vergleichen läßt, führte die Architekten zu der Annahme, daß ihre eigene Einstellung und ihre eigenen Werte überall in der modernen Welt und für jedermann Gültigkeit hätten, ohne Rücksicht auf Klassen, Rassen oder Kulturen.

4. Die vergöttlichte Vernunft, die vorwärtsdrängende Wissenschaft und die bewunderte Kunst des Ingenieurs waren an die Stelle der Tradition als des Quells der Wahrheit getreten. Dies begünstigte den Sturz der traditionellen Architekturstile und den Aufstieg der modernen Ästhetik. Fabriken und Maschinen – die Schöpfungen des Ingenieurs – wurden nun die hehren Vorbilder, man verehrte sie nicht nur, weil sie sich in ihrer reinen Form darboten, sondern auch, weil sich in ihnen funktionsgerechtes Gestalten wahrhaft verkörperte: sie waren ausdrücklich nur für einen einzigen Zweck geschaffen.

5. Erfolge in Wissenschaft und Technologie gaben dem kultischen Glauben an den Wandel Auftrieb. Man war überzeugt, daß der Fortschritt der Technologie unausbleiblich die Lebensbedingungen verbessere, und daraus folgte, daß soziale und ästhetische Traditionen an Bedeutung verloren.

6. Die in weiten Kreisen vorherrschende irrige Interpretation der Darwinschen Evolutionstheorie führte zu der Meinung, daß die natürliche Umwelt der entscheidende Faktor im sozialen Verhalten sei und daß sich mit der Veränderung unzuträglicher Umweltbedingungen die soziale Harmonie wiederherstellen lasse. Aus dieser Fehlinterpretation ergab sich zudem die scheinbare Untermauerung durch die Naturgesetze für ein Grundprinzip der Modernisten: für die Vorstellung, daß nicht durch die Praxis bedingte Elemente wie etwa das Ornament auszumerzen seien, so wie die Natur die nicht genutzten Glieder und Organe bei den Spezies verkümmern läßt.


*Nützlichkeit und Ornament:*
*Die Auswirkungen des Kapitalismus und der protestantischen Ethik*


Das plakativ wirksamste Attribut der modernen Architektur ist ihr »Funktionalismus« gewesen, die spezifische Art der unmittelbar dem Zweck dienenden Ausführung ohne jeden zusätzlichen, also verschwendeten Aufwand. Das Schlagwort vom Funktionalismus zeigte sich als ein besonders erfolgreicher Schlachtruf im Kampf gegen die eklektische Architektur des neunzehnten Jahrhunderts, die sich aller möglichen herkömmlichen und exotischen, »nicht praxisbedingten« Schmuckelemente bedient hatte.

Die Einfachheit der architektonischen Form ging mit dem Funktionalismus Hand in Hand. Ein Gebäude einfach zu machen, ohne dabei seiner zweckdienlichen Ausführung Abbruch zu tun, bedeutete den Verzicht auf alles Unwichtige; die funktionsgerechte Gestalt des Gebäudes wurde damit im Rang erhöht.

Das Konzept des wirtschaftlichen Einsatzes der Mittel und Kräfte, wie es das neunzehnte Jahrhundert entwickelt hatte, gehörte zu den Grundvoraussetzungen für den Funktionalismus und die mit ihm einhergehende Einfachheit der architektonischen Form. Der Wirtschaftshistoriker Karl Polanyi beschreibt in seinem Buch über primitive, archaische und neuzeitliche Wirtschaftsformen den wirtschaftlichen Einsatz der Mittel und Kräfte als das Bemühen, alles fernzuhalten, was unter praktischen Gesichtspunkten nicht nützlich und notwendig ist. Das Konzept ist zwar älteren Ursprungs, doch im neunzehnten Jahrhundert hatte schließlich das utilitaristische Ideal der Wirtschaftlichkeit alle Lebensbereiche durchdrungen, war es doch ein wesentlicher Aspekt des Kapitalismus wie ebenso des protestantischen Arbeitsethos.

Die Rolle der Forderung nach Wirtschaftlichkeit im Kapitalismus liegt auf der Hand: Wirtschaft bedeutet Leistung, Leistungssteigerung bedeutet höheren Gewinn, und höherer Gewinn bedeutet größere Mittel zu weiteren Investitionen. Als der Kapitalismus seine Blütezeit erreichte, war das Konzept der Wirtschaftlichkeit so sehr zur alltäglichen Selbstverständlichkeit geworden, daß es scheinen konnte, als habe sich der Mensch zu allen Zeiten vom Drang zu effizienter Arbeit leiten lassen. Die ersten Schöpfungen des Menschen, so glaubte man, seien einfache, schmucklose Werkzeuge gewesen, und seine »natürlichen« ersten Gestaltungsprinzipien seien vermutlich eher von der Erfüllung alltäglicher Aufgaben als von der Befriedigung geistiger oder ästhetischer Ansprüche bestimmt worden. Es herrschte die Vorstellung, daß der ureigenste Impuls des Menschen, von Gesellschaften im Verfallstadium abgesehen, allezeit die Vermeidung »unproduktiver« Tätigkeit war und noch immer sei.

Daß sich die Forderung nach wirtschaftlichem Einsatz der Mittel und Kräfte und die damit implicite verbundene Einseitigkeit in der Praxis allgemein durchgesetzt hatte, läßt sich am Bedeutungswandel des Wortes »utilitarisch« – des Begriffs des »Nützlichen« – im Verlauf der ersten Hälfte des neunzehnten Jahrhunderts ablesen, jenes Zeitabschnitts also, in dem der Kapitalismus zunehmend an Bedeutung gewann.

Im Jahr 1789 legte Jeremy Bentham eine philosophische Theorie vor, die sich auf das Prinzip der »utility«, der »Nützlichkeit« gründete; sie war zusammengefaßt in seinem wichtigsten Werk, *An Introduction to the Principles of Morals and Legislation.* Er gab seinem Konzept einen sehr weiten Rahmen, um alles zu erfassen, was dem Ziel der Erlangung des »größten Guten für die größte Zahl von Menschen« dienlich wäre. So konnte sich das Konzept gleichermaßen auf die praktisch nicht erforderliche Statue in einer öffentlichen Parkanlage beziehen, weil diese den Stolz des Gemeinwesens hob und die staatsbürgerliche Gesinnung inspirierte, wie auf die praktischen Dinge, etwa die Maschinen in den Fabriken, weil mit deren Hilfe alltägliche Gebrauchs-gegenstände und anspruchsvollere Produkte allmählich breiteren Schichten zugänglich wurden.

Um die Mitte des neunzehnten Jahrhunderts jedoch war Benthams breit umrissenes Idealbild von der Nützlichkeit bereits hoffnungslos verzerrt. Es hatte sich mittlerweile so sehr vermengt mit der Forderung nach Wirtschaftlichkeit, die von der Industrie erhoben wurde, und mit den frommen Warnungen vor der Verführung durch sinnliche Reize, die noch von der Hinterlassenschaft des Puritanismus geprägt waren, daß es schließlich auch mit dem Verzicht auf Ornament, mit Schmuck-losigkeit und Einfachheit in Zusammenhang gebracht wurde. John Stuart Mill, der Benthams Philosophie verfocht und einer der Expo-nenten des Utilitarismus war, sah sich genötigt, gegen dieses ein-schneidende Mißverständnis zu Felde zu ziehen. In seinem 1861 zuerst veröffentlichten Essay *Utilitarianism* griff er die zeitgenössische Per-vertierung der Grundsätze Benthams an[1].

»Denen, die auch nur von fern die Materie kennen, ist bewußt, daß sämtliche Schriftsteller von Epikur bis Bentham, die an der Theorie der Nützlichkeit festhielten, damit nicht etwas meinten, das sich vom Vergnügen grundsätzlich unterscheidet, sondern das Vergnü-gen selbst, zusammen mit der Bewahrung vor Schmerz, und daß sie, statt das Nützliche dem Angenehmen oder dem Schmückenden ent-gegenzustellen, immer erklärt haben, daß das Nützliche unter ande-rem eben dies bedeute. Doch das gewöhnliche Volk . . . verfällt ständig in diesen läppischen Fehler. Hat einer einmal das Wort ›uti-litarisch‹ aufgeschnappt, so verwendet er es – ohne mehr davon zu verstehen als seinen Klang – für gewöhnlich, um damit die Ableh-nung oder die Vernachlässigung des Vergnügens in dieser oder je-ner Form, der Schönheit, der Verzierung oder des Amusements auszudrücken. Obendrein wird das Wort im Munde der Ignoranten nicht nur zur Verächtlichmachung mißbraucht, sondern auch gele-gentlich als Kompliment, so als ob es gleichzeitig Erhabenheit über die Frivolität und die schieren Vergnügungen des Augenblicks bedeute.«

Von dieser weitverbreiteten Mißdeutung des Utilitarismus, die sich gleichsam als ein neues Konzept darbot und ihre spezifische Prägung durch die Bedingungen der kapitalistischen Wirtschaft und die puri-tanistische Betonung des Vorrangs der Arbeit erhielt, leitete sich die moralische und praktische Einseitigkeit her, die hernach das künstleri-sche Konzept der Modernisten bestimmen sollte. Sechzig Jahre nach

Mills Attacke zeigte sich diese Einseitigkeit im allgemeinen Erscheinungsbild der modernen Architektur: Es war eher zurückhaltend als schwelgerisch, eher einfach als komplex.

Wirtschaftlichkeit war auch für das protestantische Arbeitsethos von grundlegender Bedeutung. In protestantischer Vorstellung war das einfache Leben, die Enthaltsamkeit gegenüber allen weltlichen Exzessen das erstrebenswerte Ziel, seit Luther mit der römischen Kirche gebrochen hatte.

Selbstverleugnung war ein Ausdruck der Unterwerfung unter den Willen Gottes. Doch während der gläubige Lutheraner, Calvinist oder Puritaner sich der weltlichen Vergnügungen zu enthalten hatte, sollte er zugleich ein tüchtiger Geschäftsmann sein, der in dieser Welt vorankommen wollte. Als sündhaft galt die völlige Hinwendung zur geistigen Welt ebenso wie die ausschließliche Beschäftigung mit der materiellen Welt. Das Maß an harter Arbeit, das Protestanten aufbringen konnten, erlangte legendären Ruf. Als Johann Calvin schon dem Tode nahe war, vermochte er sich noch immer keine Ruhe zu gönnen. Freunden, die ihn zur Mäßigung mahnten, soll er entgegnet haben: »Wollt ihr, daß der Herr mich müßig findet, wenn er kommt?«

Wenn auch der Puritanismus am Ende nur noch in der Verbannung fortlebte, in der Neuen Welt, so hat doch das Arbeitsethos dieser sehr konservativen Richtung des Protestantismus seine unauslöschlichen Spuren in Europa hinterlassen. In England zeigte sich sein Einfluß am deutlichsten, soweit es die hier aufgegriffenen Punkte betrifft, im puritanischen Beharren auf dem sozialen Wert der Arbeit und in einer am Prinzip der Nützlichkeit orientierten Weltsicht. Erfolg in weltlichen Dingen, durch harte Arbeit errungen, mochte vielleicht nicht zur Erlösung führen, doch er war zumindest ein Zeichen dafür, daß man in Gottes Gnaden wandelte. Darum war es, wie schon bemerkt, ebenso wichtig, daß man seiner irdischen Berufung in harter Arbeit nachging, um seine Erfolge als Indizien für Gottes Wohlgefallen verbuchen zu können, wie es unerläßlich war, daß man seiner geistigen Berufung im Gebet nachging. Müßiggang und Faulheit waren aus einer Reihe praktischer wie religiöser Gründe im siebzehnten Jahrhundert der Ächtung verfallen. Man hatte erkannt, daß eine zur Faulheit neigende Arbeiterschaft ernste Konsequenzen für die Wirtschaft eines Landes heraufbeschwören mußte – ohne eine produktive Arbeiterschaft konnte England im Welthandel nicht konkurrenzfähig bleiben. Unter geistigen Aspekten war Müßiggang zu verabscheuen, da der Müßige Zeit und Gelegenheit findet, sich dem Teufel anheimzugeben.

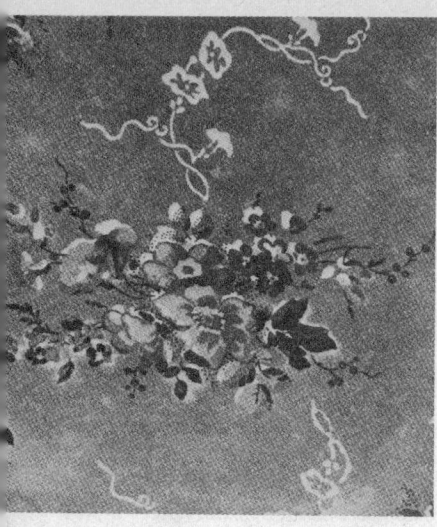

Gemustertes Gewebe, maschinenbedruckt, um 1850 – die Massenproduktion ermöglichte die Herstellung wohlfeiler Imitationen von Gütern, die im Original so teuer waren, daß sie sich nur die Reichen leisten konnten

Dreifuß, Eisen, handgeschmiedet, 18. Jahrhundert – ein Gebrauchsgegenstand mit vielfältigem Ornament

New York, N. Y., römisch-katholische Kirche St. Joseph, 1833 – die dorische Ordnung, nachträglich in den Marmor übertragen, hatte sich in einer Zeit herausgebildet, da die griechischen Tempel noch in Holz ausgeführt und die Elemente durch die Konstruktion bedingt waren; die Rückübersetzung in die Holzbauweise ist ein Mißverständnis

Die Überzeugung der Modernisten, daß das Dekorative keinem Zweck diene und daher in irgendeiner Weise unmoralisch sei, stand völlig in Einklang mit den Vorstellungen des Protestantismus. Doch die Ziele der Einfachheit und der Nützlichkeit, an denen sich, wie man annahm, der Kaufmann des achtzehnten Jahrhunderts in seinem beruflichen Handeln wie in der privaten Lebensführung ausgerichtet hatte, scheinen unvereinbar mit der Tatsache, daß die alltäglichen Gebrauchsgegenstände – von der Schnupftabakdose bis hin zum Küchengerät – meist reich verziert waren, sofern sie sich nur zur Anbringung von ornamentalem Beiwerk anboten.

Während die Modernisten solche Ausschmückung als weder wirtschaftlich noch nützlich ansehen müssen, ließen sich unsere Vorfahren offenbar nicht von einer derart engen Auslegung der Prinzipien leiten. Sie betrachteten die Nützlichkeit als eine notwendige Voraussetzung für die Schönheit, doch damit war das Ornament keineswegs ausgeschlossen. Der berühmte englische Kupferstecher William Hogarth erklärte 1753 in *The Analysis of Beauty*, seine Bewunderung für ein Segelschiff rühre von dem Bewußtsein her, daß jedes einzelne Teil mit Bedacht völlig zweckentsprechend gebildet sei. Aus heutiger Sicht wäre diese Feststellung leicht mißzuverstehen; man darf dabei nicht vergessen, daß Hogarth in seiner Zeit wohl niemals ein Segelschiff sah, noch nicht einmal ein Kriegsschiff, das keinerlei künstlerischen Schmuck aufgewiesen hätte. Nützlichkeit war ganz gewiß eine selbstverständliche Komponente der Schönheit, doch die Definition der Nützlichkeit ging selten über die Forderung hinaus, daß weder die Konstruktion noch der Schmuck zu einer Beeinträchtigung der tatsächlichen Verwendbarkeit führen dürften.

Mit dem Aufstieg des Bürgertums trat ein allmählicher Wandel in dem Wechselspiel zwischen Schmuckbedürfnis und Nützlichkeitserwägungen ein. Eine neue Schicht begann in Fragen des Geschmacks den Ton anzugeben. Seit alters war es die Aristokratie gewesen, die bestimmt hatte, woran Schönheit zu ermessen war und worin sie sich dartat. Einzig die Fürsten und der Adel hatten über die Mittel verfügt, um Kunstwerke zu bezahlen, oder über die Macht, um Kunstwerke anfertigen zu lassen. Doch im Verlauf des achtzehnten und neunzehnten Jahrhunderts hatte sich eine betriebsame Mittelschicht herausgebildet, die ihre neue wirtschaftliche Macht weitgehend ihrem utilitarischen Ethos verdankte. Während immer mehr Menschen zu Wohlstand gelangten und damit in der Lage waren, die Güter dieser Welt zu erwerben, schienen sich in gleichem Maße die Ängste vor den Versuchungen dieser Welt zu verflüchtigen. Der gesellschaftliche Rang wurde nun stärker vom Erfolg bestimmt, der Rang ließ sich somit zuvörderst am Besitzstand ablesen, am Reichtum und an den Gütern, die für Geld zu haben waren. Die industrielle Revolution hatte eine Mittelschicht hervorgebracht, die dank ihrer Wohlhabenheit die eigenen Vorstellungen von Schönheit und gutem Geschmack zum Maßstab machen konnte und die dank ihrer industriellen Produktionsverfahren in Formgebung und Ornament von ihrem Geschmack geprägte Güter erzeugte, die in aller Welt Aufnahme fanden und fast jedermann erschwinglich waren. Die Massenfertigung trug ihren Teil zur Veränderung des Geschmacksempfindens bei.

So hatten sich etwa vor der Industrialisierung nur die Wohlhabenden feine gemusterte oder bestickte Tuche leisten können, während die Masse sich mit einfachem, handwerklich gefertigtem Tuch begnügen mußte. Die fabrikmäßige Fertigung auf mechanischen, mit Dampfkraft betriebenen Webstühlen und der maschinelle Textildruck erlaubten nun die Herstellung vergleichsweise wohlfeiler und damit für breitere Schichten erschwinglicher bedruckter Tuche, die in ihren Mustern die handbemalten Stoffe nachahmten, in die sich die Reichen kleideten.

Die Neureichen erwarteten für ihr gutes Geld aber auch anspruchsvolle Ware, sie verlangten nach immer üppigerer Ausschmückung, in der sich der Reichtum – wahrhaft mit Händen zu greifen – am eindeutigsten ausdrückte. Das Schwelgen im wuchernden Ornament mußte andere abschrecken, und Künstler, Kritiker, Intellektuelle wandten sich mit Abscheu dagegen. Die moralische Rechtfertigung für ihre Ablehnung fanden sie in jenem stark an der Nützlichkeit orientierten Vorurteil des Protestantismus, das vordem zur Entstehung der neuen Mittelschicht beigetragen hatte. Man erklärte, daß die neue Mode, nach der ein Gegenstand gänzlich mit Ornament überzogen wurde, der Funktion zuwiderlaufe, man wies auf die Beeinträchtigung der Brauchbarkeit des Gegenstands hin.

Doch zu diesem Zeitpunkt enthielten sich die Kritiker noch sorgfältig der Verdammung jeglichen Ornaments – die Ablehnung galt nur dem unangebrachten Ornament. Um festzustellen, welches Ornament angebracht war und welches nicht, griffen sie auf das Konzept der Nützlichkeit zurück, wie es im vorangegangenen Jahrhundert etwa bei Hogarth zu finden war. Das Ornament zeugte dann von schlechtem Geschmack und war zu verwerfen, wenn es die Nützlichkeit in Frage stellte und so von der Schönheit ablenkte. Allerdings verstand man

Kerzenleuchter,
englisch, um 1850

Tafelgeschirr (Butter-
dose und Krug),
englisch, um 1850

unter der Beeinträchtigung der Nützlichkeit, der Brauchbarkeit im
neunzehnten Jahrhundert noch etwas anderes als heute.

Gegenüber der heutigen Definition des »Funktionalen«, die zweck-
entsprechende Bildung mit Verzicht auf Ornament gleichsetzt, sind
die Dispute des neunzehnten Jahrhunderts um angebrachtes und unangebrachtes Ornament kaum verständlich. Man vergleiche etwa die
kritische Betrachtung zweier ornamentierter Kerzenhalter, die das

*Journal of Design and Manufactures* im Jahr 1850 brachte: »Bei dem ornamentaler gestalteten Stück weist der Dekor die rechte Ausgewogenheit auf und ist streng der Nützlichkeit untergeordnet, wie es sich gehört.« Offensichtlich ist es nicht das größere oder geringere Maß an Ornament, das die Nützlichkeit bestimmt, wird doch hier der viel üppiger ornamentierte Kerzenhalter als das besser dem Zweck angepaßte Stück eingestuft.

Eine ähnliche Diskussion lösten die mit einem griechischen Fries geschmückte Butterdose und der mit Weinranken überzogene Krug aus. Der Krug, lautete das Urteil, hat einen angebrachten Dekor, nicht aber die Butterdose. Dem heutigen Betrachter fällt es schwer, hinter die logische Begründung dieses kritischen Urteils zu kommen, doch die »Angebrachtheit« wurde wohl in diesem Fall an zumindest zwei Kriterien gemessen:

1. Der graphische Grundcharakter des Dekormotivs und die äußere Form des damit verzierten Gegenstands sollten einander gemäß sein – geschwungenes Ornament auf gerundeter Form, linear geführtes Ornament auf kantig betonter Form.

2. Die Assoziationen, die das Ornament wachruft, sollten sich auf den Verwendungszweck des Gegenstands beziehen. Weinranken stehen einem Krug wohl an, aus dem man vielleicht Wein ausschenkt, doch der Panathenäenfries auf der Gefäßwand und der gelagerte Sphinx auf dem Deckel haben nichts mit der Dose zu tun, in der man Butter anbietet.

Die Grundzüge der Dekoration wandelten sich mit dem Wandel der Zeiten. Die Arts and Crafts-Bewegung, die in den siebziger Jahren des neunzehnten Jahrhunderts in England aufkam, wurde von Künstlern und Gesellschaftskritikern wie William Morris und Dante Gabriel Rossetti angeführt. Sie richtete sich gegen die soziale Verelendung und den ästhetischen Verfall im Zeitalter des Industrialismus, eine Wiederbelebung der künstlerischen Mittel und Ausdrucksformen des Mittelalters sollte zur Erneuerung der dekorativen Künste und des Kunsthandwerks in England führen. Walter Crane, der sich William Morris anschloß, machte auf der Suche nach den Gesetzmäßigkeiten der Dekoration ein funktionales Prinzip zur Richtschnur für die Bestimmung der angemessenen Ausschmückung. Er verwies darauf, daß sich in der Vergangenheit das Ornament aus Einzelheiten der Konstruktion herausgebildet habe – so die Wasserspeicher der gotischen Kathedralen, die zuerst das Regenwasser abzuleiten hatten und danach auch Teil des plastischen Bauschmucks waren – und forderte, daß solche Nützlichkeitserwägungen weiterhin die Gestaltung des Dekors bestimmen sollten.

John Ruskin, einer der bedeutendsten englischen Kunstkritiker der zweiten Hälfte des neunzehnten Jahrhunderts, beschrieb 1849 in *The Seven Lamps of Architecture* das funktionale Ornament vergangener Zeiten und führte als Beispiel die gotischen Fialen an. Er betrachtete die Fiale als ursprünglich architektonisch verwendetes und bedingtes Glied, das sich dann zur reinen Zierform gewandelt hatte. Ornament und Alltagsgeschäft, meinte Ruskin, sollten nicht miteinander vermengt werden, er beklagte die schmucküberzogenen Schaufensterfronten und Bahnhofsgebäude, die Anbringung von Schmuck an Stellen oder auf Dingen, die nach Art und Zweckbestimmung nicht gerade zu geruhsamen Betrachtungen über das Schöne in der Kunst einluden.

Erfüllung der Funktion hieß das Gebot, doch es erschien seltsamerweise gleichgültig, ob sie nur in der Illusion vorgetäuscht oder in Wirklichkeit gegeben war. So meinte zum Beispiel Sir Charles Eastlake, ein prominenter Kunstkenner und seit 1855 Direktor der National Gallery in London, daß die passenden Motive für Wanddekoration und Bodenbelag eher abstrakt als realistisch zu sein hätten. Selbstverständlich war dies von keinerlei Bedeutung für die tatsächliche Form einer Wand oder für den praktischen Gebrauch eines Bodenbelags, doch nach Ansicht der Zeit stellte die Illusion der Flächigkeit, die eine nichtrealistische Dekoration hervorrief, jedenfalls das ehrlichere Kunstmittel dar, denn sie stand nicht im Widerspruch zur konkreten Oberfläche und zu deren Undurchlässigkeit.

Dabei ist wiederum zu betonen, daß solche generellen, als allgemeingültig dargestellten Regeln nicht im luftleeren Raum entstanden – sie wurden aus der Reaktion auf dem Geschmack der Zeit geboren, und die damalige Zeit hielt sich eben lieber an den Realismus als an die Abstraktion.

Wohl wandelten sich, wie gesagt, die Prinzipien, die das Urteil über die Ausschmückung, über Form und Verwendung des Ornaments bestimmten, doch niemals wurde das Ornament an sich in Frage gestellt, als nutzlos oder als nicht funktionell bedingt angesehen. Es gab nicht ein Erzeugnis der Zeit, vom schlichten Küchengerät bis hin zur wuchtigen Maschine, das gänzlich auf ornamentale Verzierung verzichtet hätte, und niemand stieß sich daran.

Die Idealvorstellung vom passenden oder angebrachten Ornament ließ Kenner und Kritiker geraume Zeit nicht mehr los, und es wurde sogar der Ruf nach Einführung einer Lehre vom Ornament laut, nach einem neuen Zweig der angewandten Wissenschaft, ganz der Untersuchung der entsprechenden Naturphänomene und der Übertragung gewonnener Erkenntnisse auf die Praxis gewidmet. Verwirklicht wurde dieser Gedanke freilich nie. Statt dessen führte jedoch das Überwuchern des ornamentalen Prunks, mit dem die Produktion der unersättlichen Nachfrage der zu Wohlstand gelangten Schichten nachkam, zu einer anderen Reaktion. Den kritischen Geistern schien schließlich als einziger Ausweg nur noch eine abrupte Umkehr möglich, eine entschlossene Hinwendung zur Einfachheit, in der man eine elementare Komponente des zukünftigen Modernismus erblickte.

Die »Great Exhibition« des Jahres 1851 in London, eine umfassende internationale Leistungsschau, eröffnete die Reihe der Weltausstellungen. Der von Joseph Paxton geschaffene Kristallpalast hatte eine schier unübersehbare Fülle nützlicher und angenehmer, reich verzierter Objekte aufgenommen, eine Anhäufung von dekorüberladenen Produkten der Massenfertigung, die, wenn man zeitgenössischen Stimmen glauben darf, auf manchen Betrachter tatsächlich sinnverwirrend gewirkt haben mag. Der angesehene Maler Richard Redgrave, der einige Jahre danach zum Generalinspekteur der Abteilung Wissenschaft und Kunst am damaligen South Kensington Museum avancierte, sprach im Supplementband zum »Offiziellen Bericht« über die Ausstellung vom übertriebenen Ornament, »das uns geradezu die Freude am Dekorativen verderben kann und uns zur Bewunderung jener Dinge führt, die ausschließlich nützlich sind, bei denen die Gebrauchsfähigkeit so sehr im Vordergrund steht, daß das Ornament verschmäht wird und sich, da es um die Zweckdienlichkeit geht, eine vornehme Einfachheit ergibt«. Hier bereits finden sich also, siebzig Jahre vor der Blütezeit der modernen Bewegung, die Betonung der Funktionsgerechtigkeit, die hernach zur Rechtfertigung der Einfachheit moderner Architektur dienen sollte, und die Anklänge einer moralischen Wertung, mit der man sie geistig zu untermauern suchte. Der moralische Grundtenor der Äußerung Redgraves, der auf die spätere Entwicklung vorausweist, ist besonders interessant: Verzicht auf das Ornament ist erhebend, Vorhandensein von Ornament demnach abträglich. Fünfzig Jahre danach sollte der Wiener Architekt Adolf Loos mit verblüffend ähnlicher Logik die Attacke der Modernisten auf das Ornament einleiten, als er in seiner Streitschrift *Ornament und Verbrechen* zum Sturm blies[2]: »evolution der kultur ist gleichbedeutend mit dem entfernen des ornaments aus dem gebrauchsgegenstande.«

Kandelaber, Schreib-
zeuggarnitur und
Deckenventilator,
englisch, um 1850 –
drei Beispiele aus dem
Katalog der Weltaus-
stellung von 1850 in
London, bei denen die
eigentliche Funktion der
Gegenstände vom über-
wuchernden Ornament
fast verdeckt wird

Zuckerrohrmahlwerk,
hergestellt von
Robinsons & Russell in
England, 1851 – klarer
Aufbau und klare
Formen, eine funktions-
gerechte Maschine

Die Anwendung des Ornaments wurde schließlich auch dadurch in Frage gestellt, daß das Ornament selbst gemeinhin – auch wenn es auf einen sauberen Entwurf zurückging – in der Ausführung von recht dürftiger Qualität war. Häufig gründete sich der Unmut des Kritikers auf die Tatsache, daß das Ornament der Täuschung diente, indem es eine schludrige oder gar den Benutzer gefährdende Arbeit verbarg.

Selbst bei Männern, denen das Ornament als ein unentbehrlicher Bestandteil des Entwurfs galt, regten sich doch Zweifel über dessen Wert in einer so grobschlächtig verfahrenden Massenfertigung. Zu ihnen gehörte John Ruskin, der große Verfechter des architektonischen Ornaments. In *The Seven Lamps of Architecture* stellte er die Verwendung maschinell gefertigter Ornamente als eine der drei Todsünden der Architektur dar – künstlerisch könnten sie sich mit handwerklichen Arbeiten nicht messen, und obendrein seien sie auch noch verlogene Imitationen. Er verstieg sich sogar zu der zaghaften Vermutung, daß das nackte Skelett eines Bauwerks noch immer der Verkleidung durch schlechtes oder unangebrachtes Ornament vorzuziehen sei – eine überraschend moderne Vorstellung für diesen Romantiker der Jahrhundertmitte.

Der durchgehend in Serienfertigung hergestellte architektonische Schmuck seiner Zeit führte Ruskin zu dem widerwillig vorgebrachten Eingeständnis, daß Ingenieurbauten wie etwa die Bahnhöfe – die in seinen Augen noch nicht einmal der Architektur zuzurechnen waren – sehr wohl auf ihre Weise würdig gestaltet sein könnten, wenn sie nur auf die Ausschmückung verzichteten: »Man würde doch auch einem Schmied am Amboß keine Ringe auf die Finger stecken.« Von diesem Eingeständnis war es nur noch ein kurzer Schritt zur idealisierenden Verklärung der einfachen, schmucklosen Form der Industriebauten, mit der sich später der moderne Architekt gegen den Geschmack der Mittelschichten zur Wehr setzte.


*Anti-Ornament*


Modernisten begeisterten sich an den neuen Formen und Möglichkeiten des Maschinenzeitalters. Mit der protestantisch/kapitalistischen Einseitigkeit bewehrt und im Schutz des daraus hervorgegangenen Klimas einer Moral, die dem geliebten Ideal der Einfachheit zuträglich

New York, N. Y., CBS
Building, Architekt
Eero Saarinen, 1964 /
Boston, Mass., Govern-
ment Center Garage,
Architekten Samuel
Glaser & Partners mit
Kallman und McKinnel,
1970 – Struktur als
Ornament

New York, N.Y., U. S. Customs House,
Architekt Cass Gilbert, Bildhauer Daniel
Chester French, 1907 – traditionelle
Ornamentik kontra moderne Bauweise

war, bedienten sie sich der Ablehnung des Ornaments als ihrer schlag-
kräftigsten Waffe im Sturmlauf gegen die traditionelle Architektur.
Seit Adolf Loos im Jahr 1908 Ornament und Verbrechen auf die gleiche Stufe gestellt hatte, machten alle führenden Köpfe der modernen
Bewegung Front gegen das Ornament, wie es die Architektur bis dahin
gekannt hatte. Da jegliche Tradition in dieser oder jener Weise auf
dem Ornament beruht, bedeutete eine Architektur ohne Ornament
auch eine Architektur, die nicht mehr auf Tradition beruhte.
Schmuckformen an Häusern, auf Gerätschaften und rituellen Gegenständen gehören in den meisten Kulturen zu den Selbstverständlichkeiten, doch für die Modernisten wurden sie zu Zeichen der Deka-
denz. Selbst die griechisch-römische Architekturtradition blieb da
nicht verschont – die Ordnung, die am sparsamsten mit Schmuckformen umging, die dorische Ordnung, wurde herausgehoben und ge-

priesen durch Le Corbusier, den engagiertesten Verfechter eines reinen, sauberen Modernismus und in Theorie wie Praxis einflußreichsten Exponenten der Bewegung.

Zum ersten Mal in der Geschichte schloß das Programm für eine neue Architektur das traditionelle Ornament in aller Form aus. Bis an die Wende zum zwanzigsten Jahrhundert hatten die Regeln gegolten, die sich in typischer Weise bei Giorgio Vasari finden, dem großen Künstler und Kunsthistoriker der Renaissance; bei der Erörterung der Entwurfsprinzipien etwa für das Landhaus, die Villa, bezog er ganz selbstverständlich das Ornament mit ein. Moderne Architekten hingegen verwarfen bewußt das ornamentale Detail traditioneller Prägung zugunsten der nackten Weite ausgedehnter, selbst maßstabloser Flächen: »Fragen des Geschmacks«, proklamierte 1914 der italienische Architekt und Futurist Antonio Sant' Elia[3], »müssen wir von den Kleinformen, den unnützen Kapitellen und unwichtigen Säulenhallen auf das weit größere Gebiet der Massengruppierung im allergrößten Maßstab übertragen.«

Der visuelle Facettenreichtum traditioneller Bauten bedeutete, daß sich dem Betrachter, je näher er herantrat, Schritt für Schritt einzelne Schichten des Ornaments in ständig kleiner werdendem Maßstab erschlossen. Da sich fortwährend Neues darbot, blieb das Auge beschäftigt und interessiert. Die ornamentlose Kahlheit moderner Architektur bietet dem suchenden Auge selten lohnende Reize.

Die älteren Bauten mögen sich aus der Entfernung in detailreich aufgelöster Silhouette oder mit vielfältig strukturierter Fassade darbieten, nichts, weder das Ganze noch das Einzelne, ist auf den ersten Blick zu erfassen und zu verstehen. Diese Bauten laden dazu ein, daß man näherkommt, sie betrachtet, sie in ihrer individuellen Gestalt und Eigenart wahrnimmt. Die modernen Bauten sind meist schon aus der Entfernung mit einem Blick zu erfassen, ob sie einzeln stehen oder reihenweise auftreten, sich zwischen Altbauten drängen oder ganze Straßenfluchten einnehmen – die Masse der einförmigen Kuben, langgestreckt oder hochaufragend, und der glatten, kahlen, mit ihrer starren Abfolge alternierender Wand- und Fensterbänder beliebig ausdehnbaren Wandflächen, ausdruckslos und ohne Individualität. Hat man einige von ihnen gesehen, hat man sie alle gesehen. Nichts reizt dazu, näherzutreten, genauer hinzuschauen, und so schauen die meisten auch nicht mehr hin.

Die Faszination der rasanten Geschwindigkeit gab der modernen Tendenz zum Verzicht auf die kleineren, am menschlichen Maß gemessenen Details zusätzlichen Auftrieb. Die Stadtlandschaft war ein Panorama, das man in schneller Fahrt über Straßen und das Häusermeer durchkreuzende Autobahnen oder, noch extremer, im Flug aus der Vogelperspektive an sich vorübergleiten ließ. Die Architekten hatten keine Verwendung mehr für kleine, verspielte Details, bei denen das Auge verweilen konnte, da doch riesige Wolkenkratzer nur noch die schimmernde Hintergrundkulisse bilden sollten, in der sich – wie Le Corbusier es ausdrückte – der »blaue Glanz des Himmels« widerspiegelte. In den Vorstellungen von der neuen Stadt waren die Maßstäbe zu furchterregender Größe angewachsen, zu übermenschlicher Größe.

Die moderne Architektur hat schließlich doch ihre eigenen Formen eines vereinfachten Ornaments entwickelt – »strukturelles Ornament« nannte sich das dann, oder gleich »das Bauwerk als Ornament« –, doch eine detaillierte, in den Maßstäben variierende Ornamentik, die sich aus wechselnder Entfernung ständig weiter erschließt, hat sich daraus kaum ergeben. Paul Rudolphs Art and Architecture Building der Yale University stellt mit seinem Innenraum ein Novum, eine Ausnahme dar, indem sich hier angewandtes Ornament und nicht-abstraktes Ornament nebeneinander finden. Dabei hat der Architekt mit Erfolg die Klippen vermieden, die sich aus der Ornamentierung des Raums selbst – Trauma der Moderne – ergeben hätten, indem er Abgüsse aus den Magazinbeständen der Yale Art Gallery aufstellte und anbrachte.

*Funktionalismus und Schönheit*

Der Begriff des Funktionalismus ist zwar in seiner Bedeutung recht variabel, doch als die Architektur des Funktionalismus versteht man grundsätzlich die Summe der Bauten, die ganz und gar zweckdienlich sind und auf jegliche unnötigen Elemente verzichten.

Für die Modernisten war die Schönheit weitgehend abhängig vom wahren oder proklamierten Attribut des Funktionalistischen, so daß schließlich Wladimir Tatlin, der russische Konstruktivist, die These von der ästhetischen Überlegenheit einer modernen Fabrik über die Oper und das Ballett, einer Arbeit von Albert Einstein über einen Roman Dostojewskijs verkünden konnte. Um des Fortschritts von

Kanu der Maori in
Neuseeland

Karyatiden, Illustration
aus der von Fra Giacondo
besorgten Ausgabe von
Vitruvs *De architectura*,
Venedig 1511

39

Mensch und Kultur willen, glaubte er, habe die Kunst eben »konstruktiv«, also funktional zu sein.

Und auch jetzt, fünfzig Jahre danach, ist es immer noch das gleiche Lied – funktionalistische Kriterien bestimmen das Urteil über den Wert des Gebäudes. Auf der Architekturseite der »New York Times« beschrieb noch vor wenigen Jahren ein junger moderner Architekt[4] seinen Entwurf mit dem klassischen Terminus des Funktionalismus – Form als Ausdruck der Funktion: »Es war eine komplizierte Bauaufgabe, doch das Gebäude ist bemerkenswert einfach, ein Rechteck als ehrlicher Ausdruck der Bestimmung.«

Wie bereits erwähnt, sahen Architekten wie etwa Palladio, die man für frühe Funktionalisten hielt, das Ornament unverändert als einen wesentlichen Teil der Architektur an. In der Tat wurden bis zum zwanzigsten Jahrhundert nur wenige Bauten ohne jeglichen Schmuck errichtet. Es geschah erst in der Gegenwart, daß funktionelle Form ohne jeden »ornamentalen Firlefanz«, wie Walter Gropius es nannte, der nichtfunktionellen oder ornamentierten Form entgegengestellt wurde. Was immer die Modernisten auch behaupten mögen, diese Gegenüberstellung war eine willkürliche Unterscheidung ohne jedes historische Vorbild. Gewiß mag es an den Säulen des Erechtheions mit ihren Zierformen steinerne Partien geben, die von der Konstruktion her überflüssig sind, doch ist es kaum vorstellbar, daß der Baumeister die prachtvollen Karyatiden lediglich als tragende Glieder mit aufgesetzten Schmuckformen ansah. Eine Geistesverfassung, in der man ornamentierte von nicht ornamentierter Form scheidet, ist einer Gesellschaft fremd, die nicht wie die unsere dem Zwang zur Effizienz unterliegt.

»Viel Zeit und Mühe wird in der Verfolgung ästhetischer Ziele aufgewandt«, schrieb der Anthropologe Bronislaw Malinowski in einer Studie über die Melanesier von Neuguinea[5], »zweifellos stellen die Eingeborenen ihr bewußtes Empfinden weit über alles, was die reine Notwendigkeit erfordert.«

Die Trennungslinie zwischen nützlichen und unnützen Formen ist selbst in einigen westlichen Ländern nicht so scharf zu ziehen. Nach den Feststellungen Luigi Barzinis sind für die Italiener Gedanken über die äußere Erscheinung weniger wichtig als die äußere Erscheinung selbst. Mit unbekümmerter Üppigkeit und rührend trügerischen Ergebnissen haben die Italiener lange die strenge Trennung von Funktion und Ornament ignoriert. Wie Barzini in seinem Buch über »Die Italiener« zeigt[6], haben sie es sogar fertiggebracht, sich mit der von

Menschenhand verfertigten Imitation eines der schönsten aller natürlichen Ornamente hervorzutun – mit der Imitation farbig geäderten Marmors.

»Seit ältester Zeit haben überall Handwerker ihre einzigartige Fähigkeit erwiesen, das eigentliche Material durch Fälschungen zu ersetzen. Die Hälfte des Marmors, den man in Kirchen und Patrizierpalästen‹ sieht, ist in Wahrheit nichts als glatter, täuschend echt bemalter Gips. Es ist nicht unbedingt immer billiger als das echte Material, es kann manchmal unendlich viel teurer und in der Behandlung schwieriger sein. Unter allen Marmorimitationen schätzen die Italiener eher noch solche, die gar keine Imitationen mehr sind, sondern eine frei erfundene Kombination von Färbungen vorführen, wie sie die Natur niemals hervorgebracht hat. Was besonders gepriesen wird, ist der Wagemut der Schöpfer dieser Arbeiten, ihre prometheische Herausforderung Gottes.«

In der modernen Interpretation des Funktionalismus findet sich allerdings noch ein recht irrationaler Aspekt der alten traditionellen Einstellung – die Nützlichkeit eines Gegenstandes mußte nicht wirklich gegeben, sie konnte auch lediglich symbolisch verstanden sein. Nikolaus Pevsner hob in Zusammenhang mit dem Roten Haus, das Phillip Webb 1859 für William Morris entworfen hatte, vor allem den protomodernen Kamin hervor[7], sei er doch »vollkommen frei von irgendwelchen täuschenden Tricks der Epoche und vollkommen funktionell, indem er die Ziegel in waagerechten Lagen vorzeigt, wo das Holz aufgeschichtet wird, und in senkrechten Lagen, wo der Rauch nach oben abzieht«.


*Die Ästhetik der Maschine*


Im zwanzigsten Jahrhundert wurde behauptet, daß die Prinzipien des Funktionalismus bereits in der Technologie der Zeit gegeben seien. Die Architekten hätten nur, wie Le Corbusier in *Air craft* schrieb[8], ihre Lektion zu lernen – daß nämlich »alles Elend dieser Welt auf die Tatsache zurückzuführen ist, daß die Funktionen nirgendwo genau bestimmt oder beachtet werden«.

Die Maschine verkörperte, so sahen es die Modernisten, die Funktion in Reinkultur. Nicht nur, daß ihre Formen rein und glatt und ohne

Ornamentverkrustung waren, sie führte auch ihre jeweilige Aufgabe reibungslos und wirkungsvoll aus. Die ästhetischen Eigenschaften der Maschine – Einfachheit und Geometrie – wurden nun zu Werten an sich erhoben, und der Funktionalismus der Maschine wurde zum praktischen Glaubensgrundsatz, aus dem heraus Architekten ihre ästhetischen Wertvorstellungen erläuterten. Den Funktionalismus, den man der Maschine zuschrieb, übertrug man auf Dinge, die an Maschinen oder maschinell gefertigte Produkte denken ließen, ohne Rücksicht darauf, ob diese Dinge nun wirklich in gleicher Weise wie die Maschine funktionsbedingt waren. So preist Le Corbusier in *Vers une architecture* ein »Typenhaus«, das er 1920 entwickelt hatte[9], »ein Haus wie ein Auto, entworfen und durchkonstruiert wie ein Omnibus oder eine Schiffskabine . . . Man braucht es nicht als Schande zu empfinden . . . wenn man Mauern hat, die dünn sind wie Blech, und Fenster, die aussehen wie Fabrikfenster. Aber das, worauf man stolz sein kann, ist ein Haus, das so praktisch ist wie eine Schreibmaschine«.

Doch diese angenommenen Vorzüge der modernen funktionalen Formen – ihre Leistungsfähigkeit, ihre Benutzbarkeit, ihre Zweckdienlichkeit – waren oft mehr Illusion als Wirklichkeit. Das moderne Flachdach bietet zwar zusätzlichen Raum für die Hausbewohner – etwa als Dachgarten oder Sonnenterrasse –, aber es hat auch im Winter eine größere Schneelast zu tragen als das traditionelle Steildach, und seine Abdichtung gegen Feuchtigkeit bietet weit größere Probleme, wie jeder weiß, der nur einmal ein Flachdach gebaut hat. Und wenn auch das Flachdach Schluß macht mit dem schlecht belichteten Dachboden, so bedeutet das zugleich einen Verlust für die Hausbewohner, die nun keinen »toten Raum« unter dem Dach mehr haben, den man so bequem als Abstellkammer oder zum weiteren Ausbau nutzen kann – von der zusätzlichen Wärmedämmung ganz zu schweigen.

Man könnte glauben, daß funktionale Architektur in der Unterhaltung wohl weniger anspruchsvoll sein dürfte als traditionelle Bauten. Doch die ausgedehnte, glatte Putzfläche – das Symbol funktionaler Architektur der zwanziger und dreißiger Jahre – erfordert mehr Sorgfalt und größeren Aufwand in der Unterhaltung, als dies bei der weniger maschinenartigen Stuckverkleidung oder der ornamentüberzogenen Außenwand der Fall ist, an denen Risse und Verwitterungserscheinungen weniger auffällig sind und die mit Staub- und Schmutzablagerungen das Erscheinungsbild des Gebäudes sogar noch reizvoll machen können.

Ebensowenig ist die weitverbreitete Überzeugung, daß der funktionale Entwurf billiger sei als der traditionelle, notwendigerweise immer zutreffend. Das moderne Haus mit seinem offenen Grundriß und seinen wesentlich größeren Fensterflächen hat von jeher mit Heizung und Kühlung größere Kosten verursacht als das traditionelle Haus mit den abgeteilten Räumen und den kleineren Fenstern. Die höheren Kosten haben sich erst in jüngster Zeit mit dem Anstieg der Preise auf dem Energiesektor deutlich spürbar gemacht.

Dann gab es auch die Behauptung, daß moderne Bauten wirtschaftlicher seien, weil sie auf das traditionelle und keinem nützlichen Zweck dienende Ornament verzichteten. Die Vorstellung von der »Wirtschaftlichkeit« setzt voraus, daß es eine grundlegende Übereinstimmung darüber gibt, worauf man bei einem Gebäude verzichtet, solange noch Bauherr und Architekt dabei gleichermaßen zufriedengestellt sind. Diese besondere Wirtschaftlichkeit der modernen Architektur, deren Verzicht auf die traditionellen Schmuckformen, wäre für frühere Generationen von Bauherren und Architekten unvorstellbar gewesen – sie hätten sich ein Gebäude ohne Ornament ebensowenig denken können wie eine Backsteinmauer ohne Mörtel. Da das Ornament nun einmal einen wesentlichen Bestandteil des Bauwerks bildete, wäre auch niemand auf den Einfall gekommen, daß ein Gebäude, weil mit Ornament versehen, vielleicht teurer sein könnte – ohne Ornament wäre ein Gebäude eben kein rechtes Gebäude gewesen. Das Ornament war in den Baukosten ebenso selbstverständlich enthalten wie Deckenbalken und Dachsparren oder Türen und Fenster.

Die moderne Bewegung räumte mit jener Selbstverständlichkeit auf. Sie beurteilte das Ornament willkürlich als antimodern und stufte es damit als unwesentlich ein. Im Lichte dieser Erkenntnis schienen nun mit Schmuckformen verzierte Gebäude in der Tat zu höheren Baukosten zu führen. Nachdem das Ornament nicht länger im üblichen Kostenvoranschlag enthalten war, konnte es nur noch als Sonderausstattung gelten und mußte zusätzlich in Rechnung gestellt werden.

Obwohl somit der Bauschmuck unter dem Einfluß der Modernisten zur Sonderausstattung geworden ist, dürfte doch das Bauen ohne Ornament kaum billiger sein. Die Baukosten für ein Haus mit traditionellem Ornament sind nicht höher als die Kosten für ein modernes, auf traditionelles Ornament verzichtendes Haus in vergleichbarer Größenordnung und Umgebung. Die Gelder, die bei dem einen Haus für die »Sonderausstattung« mit traditionellem Ornament aufgebracht werden, fallen bei dem anderen Haus für die »moderne Ausschmük-

Ziegelmauerwerk, modern und alt – Unregelmäßigkeiten oder fehlerhafte Verarbeitung treten am modernen Bau mit den glatten kahlen Flächen deutlich hervor, während sie am alten Bau dank Gliederung und Ornamentik ganz natürlich wirken und kaum in Erscheinung treten

kung« an. Die »einfachen Formen« und die kahlen Flächen der modernen Bauten erfordern eine sorgfältige Verarbeitung und sind daher besonders aufwendig.

Ganz allgemein ist die von den Modernisten so gepriesene Präzision des Details recht kostspielig. Die charakteristischen, im Geist des »Maschinenzeitalters« gestalteten Möbel aus Chrom und Glas erfordern meist ein hohes Maß an teurer und kostensteigernder Handarbeit.

Die Überzeugung, daß präzise maschinengemäße Formen leichter und billiger in Massenproduktion zu fertigen sind als ornamentierte und nicht maschinengemäße Formen, ist ein weiterer Glaubensgrundsatz, dessen Wahrheitsgehalt nicht erwiesen ist. In Berlin versuchte eine Manufaktur in den späten zwanziger Jahren dieses Jahrhunderts, quadratische Keramikplatten als Tafelgeschirr in Massenproduktion herzustellen. Das Ergebnis war, daß von der gesamten Fertigung fünf Prozent als makellos verblieben und weitere fünf Prozent immerhin noch als zweite Wahl abgesetzt werden konnten, während neunzig Prozent auf den Scherbenhaufen wanderten. In Wirklichkeit kann jeder in Massenfertigung hergestellte Gegenstand mit kleineren Unvollkommenheiten behaftet sein, und diese sind nun einmal weniger auffällig, wenn der Gegenstand von komplizierterer Form ist – bei der einfachen Form verraten sie sich sofort.

Nebenbei ist auch die funktionsgerechte Gestaltung bei kleineren Gegenständen in moderner Formgebung durchaus nicht immer überzeugend. Griffe in geometrisch exakten Kurven oder streng gerader Linienführung liegen nicht besser in der Hand als Griffe in komplex geschwungener Linienführung. Ein Messer der Barockzeit nimmt man ebenso mühelos in die Hand wie sein modernes Gegenstück aus Dänemark in einfachsten Formen, und beide erfüllen sie ihren Zweck, sie schneiden.

*Form und Funktion*

Die Funktionalisten der Neuzeit erwarteten, daß die »ehrliche« Ausrichtung allein auf die Erfordernisse der Funktion schließlich zu einem neuen Formenkanon der Moderne führen würde, ohne jeden Rückgriff auf irgendwelche Vorbilder der Vergangenheit. Dabei sollte die Form eines Produkts oder eines Gebäudes nicht allein die jeweilige Funktion ausdrücken, die Form sollte auch ganz folgerichtig und ausschließlich von der besonderen Funktion bestimmt sein. Schulen sollten wie Schulen, Fabriken sollten wie Fabriken, Bürohäuser sollten wie Bürohäuser aussehen. Man mag zwar darüber streiten, ob und in welchem Maß dies den Modernisten gelungen ist (von den Fabriken abgesehen), doch grundsätzlich hält sich die Vorstellung nach wie vor, sie hat sich im allgemeinen Bewußtsein festgesetzt. Als typisches Beispiel mag eine Bemerkung gelten, die sich in der Ausgabe des »New Yorker« vom 17. November 1973 findet und eine wohl überall anzutreffende Auffassung von der Besonderheit des Flugzeugs wiedergibt: »Im Düsenflugzeug verkörpert sich vielleicht die schönste aller Formen der Gegenwart, und es empfängt seine Schönheit aus dem unwandelbaren Verhältnis zwischen seiner Form und seiner Funktion – ein Flugzeug fliegt dank seiner Gestalt.«

Es gibt aber nun einmal nur selten absolute Lösungen, selbst in der Aerodynamik, und Flugzeuge fliegen, ob nun das Triebwerk am Bug oder am Heck angebracht ist, ob sie als Hochdecker, Tiefdecker oder Doppeldecker konstruiert sind. Selbst Flugzeuge ohne eigentlichen Rumpf können fliegen. Doch das Ideal der durch die Funktion bestimmten Form mag auf dem Gebiet der Aerodynamik noch eher eine Daseinsberechtigung haben, da es nur eine vergleichsweise begrenzte Zahl unterschiedlicher Konstruktionsmöglichkeiten für ein funktionsfähiges Flugzeug gibt, als auf dem Gebiet der Architektur. Die Bedingungen der architektonischen Gestaltung lassen gewöhnlich Raum für eine breite Vielfalt der möglichen Lösungen eines bestimmten Problems.

Als Beispiel seien die Möglichkeiten erwähnt, die der Architekt hat, um den Lichteinfall und insbesondere die Einstrahlung des Sonnenlichts bei seinem Gebäude zu regulieren. Es gibt viele Arten der Lösung dieses Problems, so unter anderem die »brise-soleil« – die waagerecht über dem Fenster vortretenden Sonnenbrecher aus Beton- oder Leichtmetallstreifen, die Le Corbusier berühmt gemacht hat –, die Markisen, die Fensterladen, die Jalousien, die Vorhänge, man kann auch das Dach weit vorziehen oder gefärbtes Glas für die Fenster verwenden. Das alles sind »ehrliche« und befriedigende Lösungen zur Regulierung des Lichteinfalls, während doch in jedem Fall eine bestimmte Geschmacksrichtung mitbestimmend ist und eine bestimmte Wirkung auf den Betrachter ausgeht. Die Sonnenbrecher etwa lassen ein Gefühl unverhüllter, brutaler Modernität aufkommen, das gefärbte Glas erzeugt ein Gefühl verfeinerter, schon etwas dekadenter Modernität, die Jalousien sind eher sachlich nüchtern, die Vorhänge sind gemütlich und fast ein bißchen altmodisch.

Dies alles also sind praktische Lösungen, und keine davon, mit Ausnahme vielleicht der Sonnenbrecher, beansprucht einen unangemessen hohen Anteil an den gesamten Baukosten. Wie trifft nun der Architekt seine Wahl? Er wird sich, vorausgesetzt, daß alle Materialien am Ort gleichermaßen erhältlich und alle Lösungen gleichermaßen

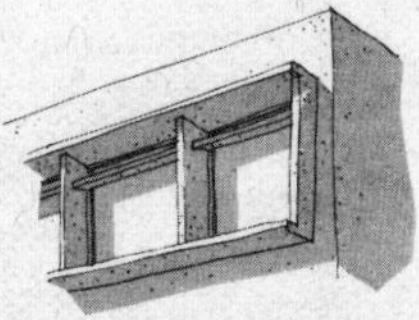

Regulierung des Lichteinfalls – verschiedenartigste Mittel, die sämtlich den gleichen Zweck erfüllen, aber ganz unterschiedliche Gedankenverbindungen und Empfindungen erwecken

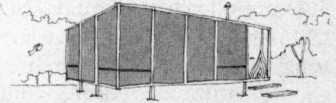

üblich sind, doch stets für die Lösung entscheiden, die seinem eigenen Stilempfinden entspricht. Es ist ganz offensichtlich, daß hier – und das läßt sich beliebig auf andere Beispiele übertragen – eine jede Ausführung, welcher stilistischen Richtung sie auch zuzuordnen sei, in gleicher Weise ihre Funktion erfüllt, und doch haben die Architekten seit

nunmehr fünfzig Jahren behauptet, daß nicht ästhetische Gesichts-
punkte, sondern die mit der Funktion gegebenen Kriterien das Aussehen ihrer Bauten bestimmt hätten, eben die »folgerichtige Erfüllung
der Bauaufgabe«. Sie verstiegen sich sogar zu der Behauptung, daß der
wahre moderne Stil sich unausweichlich herausbilden werde.

Im Januar 1950 brachte die englische Zeitschrift *Architectural Review* ein Sonderheft über die Tradition des Funktionalismus heraus. In diesem Heft, »The Functional Tradition«, verglichen die Herausgeber »funktionale« mit »nicht-funktionalen« Objekten und brachten damit eine interessante Tatsache ans Licht, die bezeichnend ist für das Wesen des modernen Funktionalismus. Sie führten als Beispiel zwei Fußgängerbrücken über eine Eisenbahnstrecke an. Die erste Brücke, bestehend aus zwei Fachwerkträgern, die zwischen sich den Fußgängersteg und als oberen Abschluß die Handläufe trugen, wurde als gute funktionale Lösung bezeichnet, da sie ohne besonderen Aufwand aus Fertigteilen, wie sie die Massenproduktion liefert, konstruiert und einfach gestaltet war. Die zweite Brücke wurde als schlechte Lösung angesehen, obwohl es die gleiche Brücke war, nur daß sie hier noch zusätzlich ein schlichtes Schlechtwetterdach trug. Die Abbildung war mit der Unterschrift versehen: »Ein Dach über der nebenstehend gezeigten vorzüglichen Brücke erzeugt lediglich Langeweile.« Die Tatsache, daß dieses Dach den Fußgänger vor den Unbilden der Witterung bewahrte, während er die Gleise überschritt, war für die Herausgeber offenbar belanglos.

Das war eindeutig nicht eine Diskussion über die zweckdienliche Gestalt der beiden Brücken. Ebensowenig ging es um deren Konstruktion, denn sie bestanden beide aus den gleichen massengefertigten Teilen. Worauf es ankam, war, wie die beiden Brücken aussahen und nicht, wie gut sie ihre Funktion erfüllten. Hat man einmal die wahre Rangfolge der Werte in sich aufgenommen, gibt es keine Frage mehr, welche Brücke die bessere ist, und warum. Die erste Brücke ist in den Augen des Modernisten die schönere, sie ist im Gesamteindruck weniger klobig, sie ist klarer zu erfassen, sie ist einfacher, und die kräftige Silhouette der Fachwerkträger wird nicht durch das auflastende, schwer und drückend wirkende Dach entstellt.

Damit wird also klar, daß sich die modernen Kriterien zur Beurteilung von Wert und Unwert letzten Endes eher vom Stil als von der Funktion herleiten. Als weiteres Beispiel bietet sich eine Betrachtung der Versen-Kugelhängelampe an, die Jay Doblin als ein Muster moderner Gestaltung für seine Zusammenstellung *One Hundred Great Product Designs* auswählte. Zwar werden die Vorzüge der 1933 entstandenen Lampe als Beleuchtungskörper erwähnt, doch in der Dis-

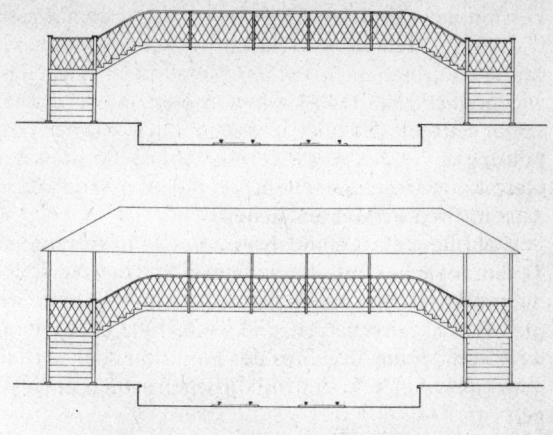

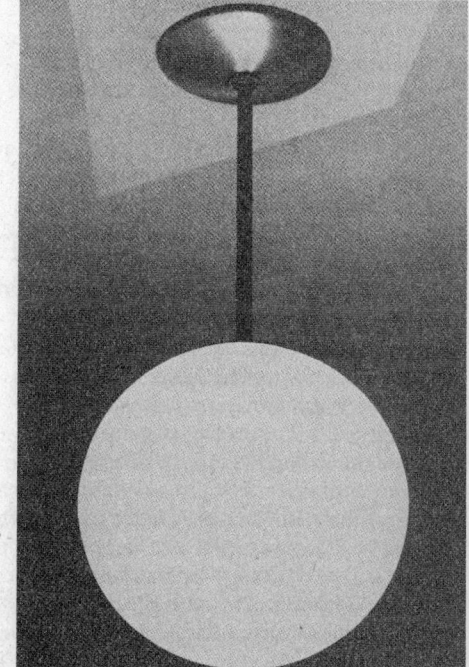

Fußgängerbrücke über
einer Eisenbahnstrecke,
offener Überweg und
Überweg mit
Schutzdach

Versen-Kugelhänge-
leuchte, 1933

kussion liegt die Betonung eindeutig auf dem Aussehen der Lampe: wie der mundgeblasene Glaskörper zur vollendeten Kugel geformt ist, wie die Verbindung zwischen Metallträger und Glaskörper so knapp wie möglich gehalten ist, wie vornehm und zurückhaltend der Metallträger selbst gebildet ist, und schließlich, wie der Deckenanschluß der Leitung auf das äußerste vereinfacht ist. So ist es denn die stilistische Gestaltung dieser Kugelleuchte, die ihr einen Platz unter den einhundert größten Produkten sicherte.

Wohl liegt ein Teil Wahrheit in der Erklärung, daß Funktion und Technologie bei Entscheidungen in Stilfragen eine Rolle spielen, doch die Frage ist, ob man sich damit zu begnügen hat. Es sollte sich endlich die Einsicht durchsetzen, daß die Kahlheit der modernen Architektur weit weniger ein Ergebnis der Funktion oder der technischen Bedingungen als vielmehr der willkürlichen ästhetischen Wunschvorstellungen ist.

*Einfachheit*

Die Einfachheit, wie sie die Moderne bevorzugt und wie sie sich in der Gestaltung aller Erzeugnisse – vom Eßbesteck bis zum Wolkenkratzer – bemerkbar macht, ist eines der augenfälligsten Kennzeichen der Bewegung. Die Liebe zur Einfachheit hat Architekten und Designer zuweilen zu der Annahme verführt, daß die zweidimensionale graphische Übersichtlichkeit eines Grundrisses schon eine Garantie für die Übersichtlichkeit des dreidimensionalen Endprodukts sei. Der Schreiber dieser Zeilen hat einmal ein Seminar über Entwurf und Design mitgemacht, in dem während der Diskussion über das System der städtischen Parkanlagen von New York zwei verschiedene Stadtpläne vorgelegt wurden. Auf dem einen Stadtplan waren die bestehenden Parkanlagen, Spielplätze und Freiflächen in Grün angelegt, und aus der Entfernung von zwei, drei Metern erschienen sie wie Hunderte kleiner, willkürlich verteilter Flecken, mit denen die Insel übersät war. Der zweite Stadtplan, den ein Teilnehmer dieses Seminars vorstellte, wies zwei große grüne Flächen auf: den Central Park und dazu das Riesenprojekt einer Parkanlage, durchsetzt mit freistehenden Gebäuden und Gebäudegruppen, die im Westen und Norden an den Central Park anschloß. Der Wirrwarr verstreuter Flecken auf dem ersten

Stadtplan wurde als »chaotisch« verurteilt, während die graphisch geschlossene Version des zweiten Plans gelobt und als »vereinheitlicht« beschrieben wurde. Der springende Punkt jedoch war, und das kam in der Diskussion überhaupt nicht zur Sprache, daß die Menschen ihre Städte nicht aus der Luft erleben, wie wir es beim Betrachten dieser Stadtpläne taten, sondern zu ebener Erde. Hätten wir das System der Parkanlagen so beurteilt, wie es die Menschen tatsächlich vor sich sehen, wenn sie durch die Stadt gehen, so wären wir zu dem Ergebnis gekommen, daß sich der eine wie der andere Plan als »vereinheitlicht« beurteilen ließe, im zweiten Falle, da die Grünanlagen zu einem Komplex zusammengefaßt sind, doch ebenso im ersten Fall, da hier das Thema immer neu aufgegriffen und mit Variationen durchgespielt ist.

Einfachheit des Entwurfs wurde schließlich gar mit den Grundlagen des Lebens gleichgesetzt. So sprach zum Beispiel der Architekt Aldo van Eyck auf der Bridgewater-Konferenz der CIAM im Jahr 1948 von der »Überprüfung veralteter Werte«, die zu einer »universellen Neubewertung in Richtung auf das Elementare hin« führen würden.

Die Vorstellung aber, daß die schlichten elementaren Bedürfnisse des Lebens durch schlichte elementare Dinge befriedigt werden könnten, ist ein schlichtes und elementares Mißverständnis der Wirklichkeit. Diese oder jene grundlegenden Erfordernisse des Alltags mögen einfach zu beschaffen oder herzustellen sein, so wie auch der Bedarf dafür überall vorhanden sein mag – Dinge wie etwa der Eingang zu einer Behausung. Doch wenn einmal das Erfordernis festgestellt und der Bedarf vorhanden ist, so erweist sich, daß mit diesem Eingang und seiner Ausbildung eine ganze Reihe psychologischer und sozialer Ansprüche verknüpft sind. Diese Ansprüche werden von Gruppe zu Gruppe, von Ort zu Ort, von Region zu Region in ihrer Art recht unterschiedlich sein – die Erfüllung der Ansprüche aber ist generell eine der wesentlichen Bedingungen für ein glückliches und zufriedenes Leben.

Für die meisten Amerikaner der mittleren Einkommensschichten zum Beispiel bedeutet ein kleiner Vorraum hinter der Eingangstür schon die Erfüllung der Ansprüche. Hier zieht man den Mantel aus, hier fertigt man aber auch den ungebetenen Besucher ab und hält ihn vom privaten Wohnbereich fern. Der Vorraum hat die Funktion einer Schleuse, er öffnet sich unmittelbar in den Wohnraum, doch gibt er noch nicht den Weg zum eigentlichen Wohnbereich der Familie frei.

Für die meisten Dänen der mittleren Einkommensschichten hingegen stellt sich der Eingang zwar oberflächlich in gleicher Weise dar,

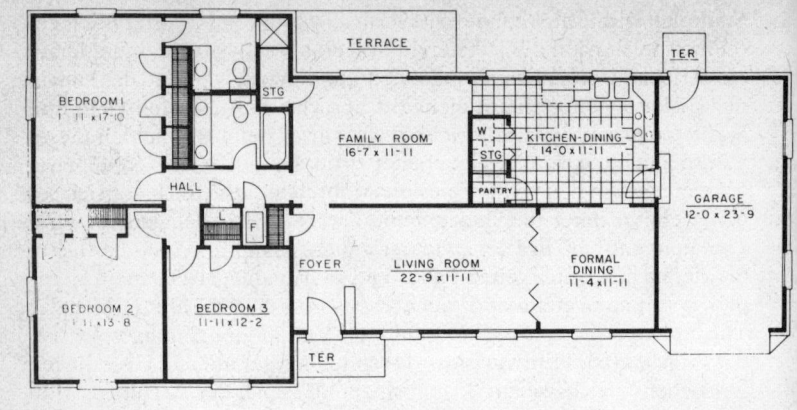

BEDROOM 1
1'-11 x17'-10

TERRACE

STG

FAMILY ROOM
16'-7 x 11'-11

W

STG

KITCHEN-DINING
14'-0 x 11'-11

PANTRY

TER

GARAGE
12'-0 x 23'-9

HALL

L

F

FOYER

LIVING ROOM
22'-9 x 11'-11

FORMAL
DINING
11'-4 x 11'-11

BEDROOM 2
1'-11 x13'-8

BEDROOM 3
11'-11 x12'-2

TER

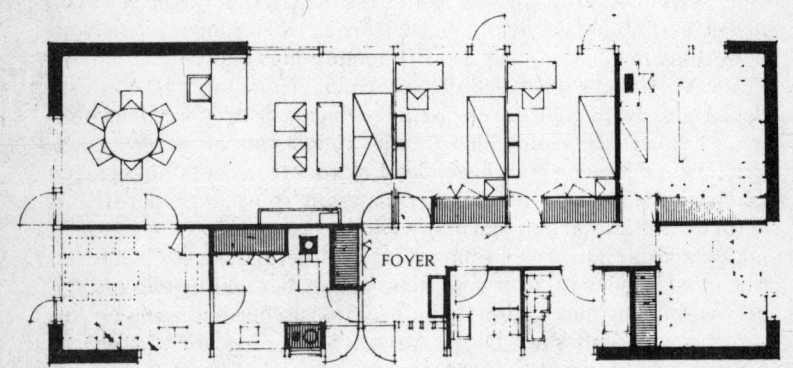

FOYER

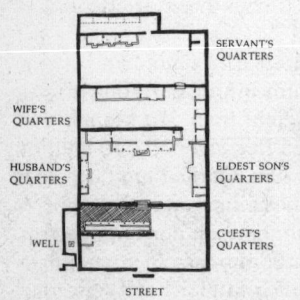

SERVANT'S
QUARTERS

WIFE'S
QUARTERS

HUSBAND'S
QUARTERS

ELDEST SON'S
QUARTERS

WELL

GUEST'S
QUARTERS

STREET

Grundriß eines amerikanischen
Wohnhauses für die Mittelschichten

Grundriß eines dänischen Wohnhauses
für die Mittelschichten

Grundriß eines chinesischen
Wohnhauses traditionellen Typs

54

Grundriß eines altrömischen Wohnhauses
für die wohlhabenderen Schichten (das
»Haus der Silberhochzeit« in Pompeji)

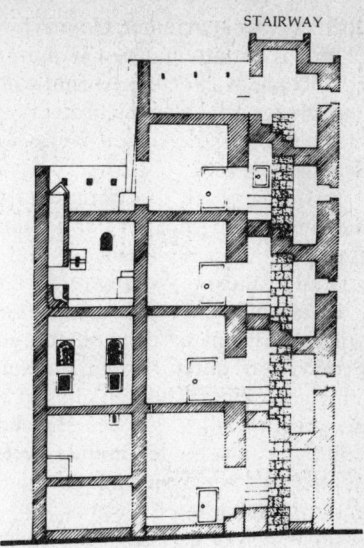

STAIRWAY

Schnitt durch ein jemenitischen Wohnhaus
(Zeichnung von Marie Agnes Bertaud)

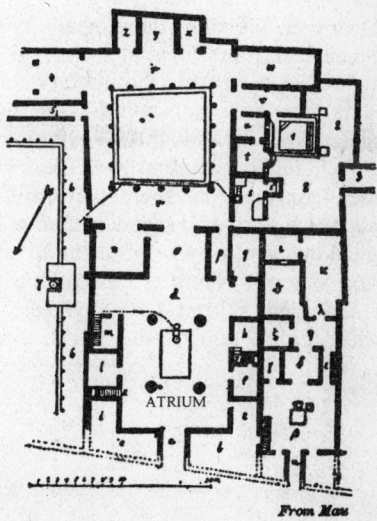

ATRIUM

From Mau

doch es gibt einen feinen Unterschied. Hier betritt man nicht vom Vorraum aus unmittelbar den Wohnraum, sondern man findet sich in einem Korridor mit einer Anzahl von Türen, deren jede in einen einzelnen, an der Tür selbst nicht zu erkennenden Raum führt – der Wohnraum ist also in derselben Weise vom Eingang getrennt wie etwa das Schlafzimmer.

In China besaß das traditionelle städtische Wohnhaus einen formellen Eingangshof an der Straße und anschließend einen kleinen Empfangsraum für Besucher und Gäste, der völlig abgetrennt war vom eigentlichen Wohnbereich der Familie.

Im alten Rom brauchte der Wohlhabende einen großen Eingangshof, das Atrium, als den vom übrigen Haus und vor allem vom Wohnbereich getrennten Aufenthaltsraum für die Schar der von ihm Abhängigen, seiner Klienten, die am Morgen das Haus des großen Mannes aufsuchten. Wenn der Hausherr nach dem morgendlichen Bad sein Frühstück eingenommen hatte, versammelte er seinen Anhang um sich und begab sich mit ihm zum Forum, wo die Geschäfte des Tages auf ihn warteten.

Im Jemen besitzt das neuzeitliche Haus einen Eingang, der praktisch das gesamte Treppenhaus mit umfaßt, und ein solches Haus ist nicht selten sieben Stockwerke hoch. Als Trennungslinie zwischen Draußen und Drinnen fungiert hier nicht so sehr die Haustür an der Straße als vielmehr die Tür am Treppenabsatz, die in das jeweilige Stockwerk führt.

Moderne Architekten haben niemals die soziale Wirklichkeit jenseits ihrer geliebten mythischen Einfachheit berücksichtigt. Die soziale Wirklichkeit in ihren vielfältigen Ausdrucksformen aber muß erforscht und berücksichtigt werden, wenn der Entwurf des Architekten die Ansprüche der Menschen erfüllen soll. Man setzte als selbstverständlich voraus, daß jedermann glücklich wäre, wenn der Architekt glücklich war. Le Corbusier hatte bereits 1929 das Haus der Zukunft vor Augen[10]: »Heute . . . empfehle ich ein einziges Baumodell für alle Länder, alle Witterungen.« Und die modernen Architekten begannen, diese Empfehlung in die Wirklichkeit umzusetzen.

Der persönlichen Sicht des modernen Architekten mischt sich ein Gefühl moralischer Überlegenheit bei: »Frage der Ethik. Die Lüge ist unerträglich. Man geht an der Lüge zugrunde.« So schrieb Le Corbusier in *Vers une architecture*[11]. Die Mission des Architekten ist es, die Welt nach seinem eigenen Antlitz zu formen, und er hegt keine Zweifel an der Allgemeingültigkeit seiner Wertvorstellungen. Natürlich können weniger »zivilisierte« Menschen nur davon profitieren, wenn sie sich seine Lebensauffassung zu eigen machen.

Diese Überzeugung des Architekten, der von seiner hohen Warte aus auf die übrige Menschheit herabblickt, ist ein Erbe des westlichen Kolonialismus. Die Kolonisierung der Welt galt nicht nur als wirtschaftlich vorteilhafte, sondern auch als verpflichtende moralische Handlungsweise. Indem wir den Wilden mit unserer Kultur bekannt machten, erhoben wir ihn auf eine höhere Existenzstufe. Für den Missionar, der auf den Spuren der kommerziellen Kolonisierung nachfolgte, waren die Kulturen, die er antraf, lediglich Anachronismen, die es auf dem Wege der Bekehrung auszumerzen galt.

Die Selbstgerechtigkeit und das Überlegenheitsgefühl, die dem Kolonialismus zugrundelagen, stammten zum Teil aus der christlichen Lehre, die sich als die einzig wahre Religion verstand, zu der alle Ungläubigen bekehrt werden mußten, und zum Teil aus der Hinwendung zum Materialismus, die durch die industrielle Revolution ausgelöst wurde. »Zivilisation« war meßbar geworden, ablesbar an der Skala der materiellen Entwicklung, und der Westen mobilisierte sein unerschöpfliches Potential, um die Güter der Zivilisation in überwältigender Fülle zu produzieren.

Der Modernist trug dieses Überlegenheitsgefühl als angestammtes Erbe in sich. Seine Einstellung zu Leuten außerhalb der Bewegung war in gleicher Weise väterlich herablassend wie die des Missionars in der Südsee, der sich anschickte, den »Kindern des Paradieses« die wahre Lehre zu bringen. Und wie der Missionar hatte auch der Architekt seinen Katechismus. Er bestand aus bestimmten ideologischen Grundsätzen, die so oft wiederholt und so selten in Frage gestellt worden waren, daß sie schließlich den Rang absoluter »Wahrheiten« erlangt hatten. Im einzelnen bedeutete das für den Architekten:

*Wahrheit der Konstruktion.* Die Struktur eines Gebäudes sollte klar ausgedrückt, nicht verschleiert oder verfälscht sein.

*Wahrheit des Materials.* Das am Bau verwendete Material sollte in seiner wahren Gestalt erscheinen, Beton sollte nicht bemalt werden, künstliche Materialien sollten nicht natürliche Materialien nachahmen.

*Wahrheit von Form und Funktion.* Die Gestalt des Gebäudes sollte bestimmt werden von den Lebensvorgängen und Arbeitsabläufen, denen es dient, und nicht von den Vorstellungen und Launen der Architekten.

Diese »Wahrheiten« wurden dargestellt als die logischen Folgerungen, zu denen der Geist der Zeit geführt habe, während sie doch in Wirklichkeit Glaubensgrundsätze waren, rhetorische Bekenntnisse, deren moralische Überhöhung sie so unangreifbar gemacht hatte wie die Zehn Gebote. Nicht alle Architekten folgten den Buchstaben des Gesetzes, doch diese zwingenden und in ihrer Absolutheit einschüchternden Lehrsätze haben mehr zum äußeren Erscheinungsbild der modernen Städte beigetragen als irgendwelche Prinzipien der Architektur und des Städtebaus, die sich auf humanere äußere oder soziale Kriterien stützten.

Unter denen, die Anteil hatten an der dramatischen Entwicklung der frühen Jahre der modernen Bewegung, waren nur wenige, die jene »Wahrheiten« so klug oder so objektiv werteten wie Hermann Muthesius. Der Berliner Architekt und Beamte, der zu einem der ersten Vorkämpfer für eine Erneuerung der Künste in Deutschland wurde, beschrieb 1901 die ersten Regungen der modernen Bewegung um die Zeit der Jahrhundertwende und wies dabei all jene in die Schranken, die Ansprüche auf irgendeine künstlerische Wahrheit anmelden wollten[12]:

»Bei neuen Ausgängen, wie sie auch in dieser modernen Bewegung wieder vorlagen, pflegen die führenden Kräfte von Grundsätzen auszugehen, die sie nicht selten als Programm ihren Leistungen vorausschicken. Selten fehlt in solchen Programmen der Grundsatz der Wahrheit, gerichtet gegen die angeblichen Unwahrheiten der bisherigen Kunst ... Zum Glück gibt es in der Kunst so viele Wahrheiten, daß solche Wahrheitsprogramme nie gänzlich falsch sind.«

Die Maschine wurde durch ihre glatte, präzise Ausführung und ihre geometrisch bestimmten Formen ebenso wie durch ihre grundsätzliche Funktionsgerechtigkeit zum Quell der Inspiration für die moderne Formgebung. Der Ingenieur wurde wegen seiner Zurückhaltung in der Gestaltung der Maschine und wegen der unausbleiblichen Schönheit der von ihm gestalteten Maschine von den Modernisten gepriesen, denn er hatte den Weg zum guten Design gewiesen.

Der Ingenieur, Superman des neunzehnten Jahrhunderts, und seine Maschinen brachten am laufenden Band Höchstleistungen hervor. Weil der Ingenieur mit den Gewalten der Natur rang und sich die Natur unterwarf, wurden seine Berechnungen in den Rang von Naturgesetzen erhoben. Verständlich, daß die Ergebnisse seiner Berechnungen zu Symbolen des Fortschritts und der absoluten Überlegenheit der westlichen Kultur wurden.

Abenteuerliche, romantische Geschichten nahmen sich des Ingenieurs und seiner Maschinen an. Jules Verne ließ den Leser an phantastischen Reisen teilnehmen, im Tauchboot ging es auf Unterwasserfahrt, im raketengetriebenen Raumschiff ließ man diese Welt buchstäblich hinter sich. Bei Joris Karl Huysmans findet sich dann bereits die Maschine als Erweckerin sinnlicher Empfindungen – eine Vorstellung, die noch immer unsere Zeit beherrscht. Da läßt er in *A Rebours,* 1884 erschienen, seine Romanfigur proklamieren[13]:

»Die Natur sei überholt; durch die abstoßende Einförmigkeit ihrer Landschaften und ihrer Himmel habe sie endgültig die aufmerksame Geduld der Raffinierten ermüdet . . . Und vor allem jenes ihrer Werke, das am köstlichsten sein soll, dessen Schönheit nach aller Ansicht am ursprünglichsten und vollkommensten ist: die Frau. Hat der Mann nicht seinerseits ganz allein ein lebendiges künstliches Wesen geschaffen, das ihr hinsichtlich plastischer Schönheit reichlich ebenbürtig ist? Gibt es hienieden ein in den Freuden des Fleisches erzeugtes und aus den Schmerzen der Gebärmutter entstandenes Wesen, dessen Modell, dessen Typ glänzender und blendender ist als jener der beiden Lokomotiven, die auf den Linien der Nordbahn fahren?«

Maschinen übten eine magische Anziehungskraft auf das Auge und auf die Vorstellung aus. Sie beschäftigten unablässig die Vorstellung, waren sie doch die sichtbaren Zeichen des Fortschritts in einem Zeitalter, das den Fortschritt anbetete. Sie ebneten Berge ein, überspannten

Dampfgetriebener Flugwagen, Entwurf,
1843 – der Ingenieur und die Technik,
glaubte man, könnten fast alles vollbringen:
dieses mit viel Phantasie ersonnene
Fluggefährt allerdings wurde niemals gebaut

Schnellzuglokomotive der Holländischen
Staatsbahn, hergestellt von Beyer,
Peacock & Co. in Manchester, 1881

Bahnhof mit abfahrt-
bereitem Personenzug,
England, 1845

Die Reise zum Mond,
Holzschnitt aus Jules
Vernes *De la terre à la
lune,* 1870

Prinz Albert übergibt die Britannia Bridge dem Verkehr, 1850 – die eiserne Röhrenbrücke über das Menai Strait dient noch heute dem Eisenbahnverkehr

Chinesische Dschunke, Holzschnitt, 19. Jahrhundert

Meere, eroberten Zeit und Raum. Bereits in den vierziger Jahren des neunzehnten Jahrhunderts konnte sich der Reisende, der bis dahin, wenn er es eilig hatte, nur im gestreckten Galopp unter ständiger Gefahr für Leib und Glieder sein Ziel erreicht hatte, vergleichsweise bequem und sicher im Eisenbahnabteil niederlassen und mit anderen Mitreisenden unterhalten, während er mit einer Geschwindigkeit von zwanzig bis vierzig Stundenkilometern weiterbefördert wurde. Riesige Brücken trugen mühelos die Gleise, auf denen diese eisernen Maschinen dahinrasten, über weite Wasserflächen: 1850 eroberte die Britannia Bridge die wilden Wasser der Menai-Straße, indem sie in zwei Absätzen mit einer Spannweite von je rund einhundertvierzig Metern Ufer mit Ufer verband. Es schien, als ob es kaum noch etwas gäbe, was der Ingenieur und seine Maschinen nicht zu vollbringen vermöchten. Und während die Vorstellung von den Leistungen selbst überwältigt wurde, ließ sich das Auge gefangennehmen von der Eleganz, Grazie und Präzision, von der geometrischen Schönheit dieser Herolde und Zeugen des Fortschritts.

In den Maschinen verkörperten sich die am höchsten geschätzten ethischen Werte der Zeit, sie waren die Quintessenz von Leistung und Wirtschaftlichkeit. Sie waren so einfach wie nur möglich, geschaffen, das Maximum aus dem Minimum herauszuholen, sie waren das Ergebnis logischer, vernünftiger Überlegung. Maschinen und Ingenieurbauten waren die ursprünglichen »funktionalen Objekte«, die den Modernisten aufs höchste entzückten. Die Maschine wie der Ingenieurbau hat den ausschließlichen Zweck, eine einzige, ganz bestimmte Aufgabe zu erfüllen. Eine Lokomotive befördert Lasten auf dem Schienenweg, eine Brücke ermöglicht die Überschreitung eines Hindernisses zwischen zwei Punkten, ein mechanischer Webstuhl fertigt große Mengen von Tuch zu niedrigen Kosten.

Wenn es gilt, die größtmögliche Last zu befördern, die größtmögliche Entfernung zu überbrücken, die größtmögliche Menge an Tuch zu produzieren, dann ist es selbstverständlich, daß an den hierfür benötigten Maschinen und Zweckbauten alles ausgelassen wird, was nicht unmittelbar zur Erfüllung der Aufgabe erforderlich ist. Daher ist denn auch die Grundform der Lokomotive, der Brücke, des Webstuhls einfach, sie ist vom Zweck geprägt. Moderne Architekten hielten diese unmittelbare Beziehung zwischen Form und Funktion für »ehrlich« – die Maschine wollte nichts anderes sein als das, was sie war. Und die Funktion eines Gebäudes, folgerten diese Architekten weiter, lasse sich ebenso präzise bestimmen wie die Funktion einer Maschine.

Allmählich gelangte die aus der präzisen Form der Maschine hergeleitete Ästhetik zu Ansehen, wobei sich Aspekte der Moral und Erfordernisse der Praxis mit der Ablehnung des bürgerlichen Geschmacks vermengten. Bereits 1859 hatte der englische Philosoph Herbert Spencer in seinen *First Principles* die Ästhetik der Maschine mit dem Fortschritt der Kultur gleichgesetzt, als er die unterlegene Erscheinung einer chinesischen Dschunke mit ihren unvollkommenen Linien und Kurven der überlegenen Gestalt der Maschine mit ihren strengen Bogenschwüngen und straffen Oberflächen entgegenstellte[14]: »Eine chinesische Dschunke mit all dem Zubehör und der ganzen Einrichtung bietet nirgends eine Linie, die ganz gerade wäre, eine gleichförmige Curve oder eine regelmäßige Fläche dar.« Solche »Mängel«, folgerte Spencer – der selbst Eisenbahningenieur gewesen war, bevor er sich der Wissenschaft zuwandte – seien charakteristisch für die »Erzeugnisse weniger fortgeschrittener Nationen«.

## Die rationale Methode

Die moderne Architektur versteht sich in der zurückhaltenden, präzisen Sprache ihrer Formen als logisch und konsequent, die Bauten werden als das dreidimensionale Produkt eines kühlen, objektiven geistigen Prozesses gesehen. Die triumphalen Erfolge der Ingenieure des neunzehnten Jahrhunderts waren die Vorbilder, denen es zu folgen galt.

Der Ingenieur näherte sich verstandesmäßig dem Absoluten, wenn er seine Türme, Tunnel oder Dampfschiffe schuf und damit die Natur überwand: Es war der unaufhaltsame Vormarsch der vernunftgemäßen wissenschaftlichen Methode, die eindeutige Manifestation des Fortschritts, auf den jedermann seine Erwartungen richtete. Die rationale Methode des Ingenieurs, seine Überlegung – stets der Praxis verhaftet, wie es sein Arbeitsgebiet forderte –, zielte ständig auf die Frage nach dem Warum ab. Daß diese Frage gewohnheitsmäßig wurde, führte zu der Erwartung, daß darauf auch eine praktische Antwort gefunden würde. Und im Bereich der natürlichen Kräfte und Vorgänge durfte man vernünftigerweise auch praktische Antworten erwarten. Etwa so: Frage, Warum muß die Brücke zusammenbrechen?, Antwort, Weil der darüberfahrende Zug zu schwer ist.

Der moderne Architekt betrachtete seine Probleme aus der Sicht des Ingenieurs, der solche Erfolge erzielt hatte, und er glaubte, daß er ebenfalls zu den unausweichlich richtigen Lösungen gelangen könne, wenn er die gleiche rationale Methode anwende und von den gleichen praktischen Werten ausgehe. So übernahm er die Methode in Bausch und Bogen. Unglücklicherweise schließt aber der Arbeits- und Aufgabenbereich des Architekten – davon war bereits die Rede und wird noch weiterhin die Rede sein – nicht nur natürliche Kräfte und Vorgänge ein, sondern auch kulturelle Zusammenhänge, erfahrungs- und empfindungsmäßige Aspekte und nicht zuletzt einige wenig praktische Faktoren wie etwa die Schönheit, die sich nicht so leicht den rigorosen Forderungen der Vernunft unterordnen lassen. Die Frage nach dem Warum reicht da nur selten aus. Dennoch aber durchforschte der Architekt, ausgerüstet mit den Maßstäben der »rationalen Rechtfertigung«, erbarmungslos alles, was mit dem Bauen zu tun hatte, um unverzüglich jedes Detail auszuscheiden, dessen Daseinsberechtigung nicht gleich auf der Hand lag.

*Rationalismus und der Ingenieur*

Die modernen Architekten legten größten Wert auf ihre »rationale Methode« und argumentierten, daß in der Kunst ebenso wie in der Physik unumstößliche Gesetze gälten, die, wenn man sie nur vernunftgemäß befolgte, unmittelbar zur modernen Form führen würden.

Was aber ist eine rationale Methode? In der Tat kann man nur mit Vernunftgründen argumentieren, nachdem man Übereinstimmung über einen Grundkatalog von Werten erzielt hat, auf denen das Argument fußt. Die Art, in der diese Übereinstimmung erzielt wird, ist ebenso bedeutsam und entlarvend wie die Rigorosität der rationalen Methode, mit der später ihre besonderen Wertvorstellungen in der Planung und Ausführung durchgesetzt wurden. So mag man beispielsweise bei der Stadtplanung, je nach den gegebenen Voraussetzungen, auf Grund vernünftiger Überlegung zu einem Entwurf im Schachbrettmuster oder auch zu einem offeneren, detaillierteren Entwurf kommen. Doch wenn man Bauten und Städte studiert, bringt man selten die Geduld auf, nun auch die entsprechenden Wertvorstellungen zu rekapitulieren, um festzustellen, ob ihnen die Stadtplanung auch logisch und konsequent gefolgt ist. Wenn also der Stadtplan im Schachbrettmuster als »rational« bezeichnet wird, ohne daß zuvor die gegebenen Voraussetzungen und die jeweiligen Zusammenhänge untersucht wurden, so bedeutet das wahrscheinlich, daß die Wertvorstellungen von der Wirtschaftlichkeit, der Leistungsgerechtigkeit und der Einfachheit, die in ihm zum Ausdruck kommen, als unabdingbare Grundlagen gelten. Als »irrational« wird ein Stadtplan oder ein Bauwerk oft nur deswegen bezeichnet, weil man die zugrundeliegenden Wertvorstellungen für unannehmbar hält.

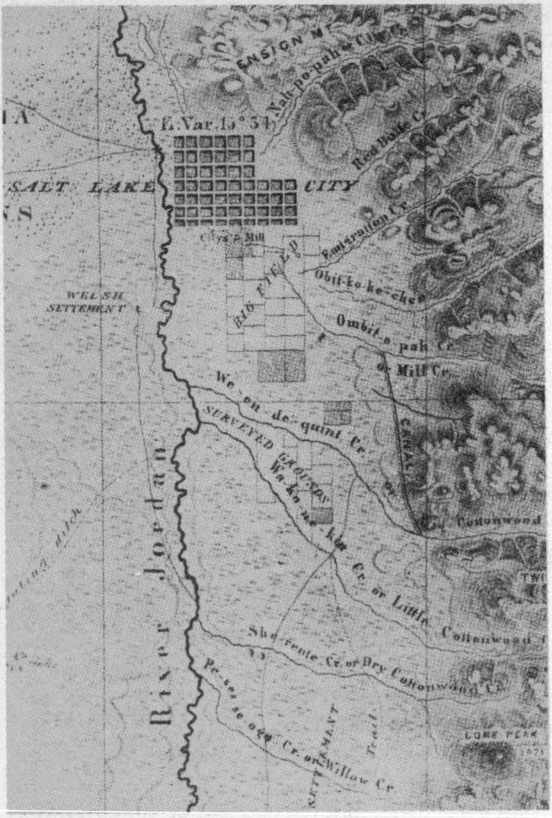

Salt Lake City, Utah, Lageplan – die Anlage einer Stadt im Schachbrettmuster erscheint den Menschen in der westlichen Welt vernünftig und rational, die Regelmäßigkeit gilt als Ausdruck von Wirtschaftlichkeit, Leistungsfähigkeit und Einfachheit

Sanaa, Jemen, Wohnquartier, Ansicht aus der Vogelperspektive – das Gewirr der Straßen, Gassen, Freiflächen, der unregelmäßig verteilten, teils zu dichten Gruppen geballten, teils einzeln wie verstreut liegenden Häuser erscheint den Menschen in der westlichen Welt chaotisch und geradezu irrational: sie sehen nicht, daß dieses scheinbar wirre Konglomerat in Wahrheit ein wohlgeordnetes Gemeinwesen darstellt, weil sie die Vorstellungen der Region von häuslichem Leben, von Familie, Sippe und Stammesverband nicht kennen und verstehen (Zeichnung von Alain Bertaud)

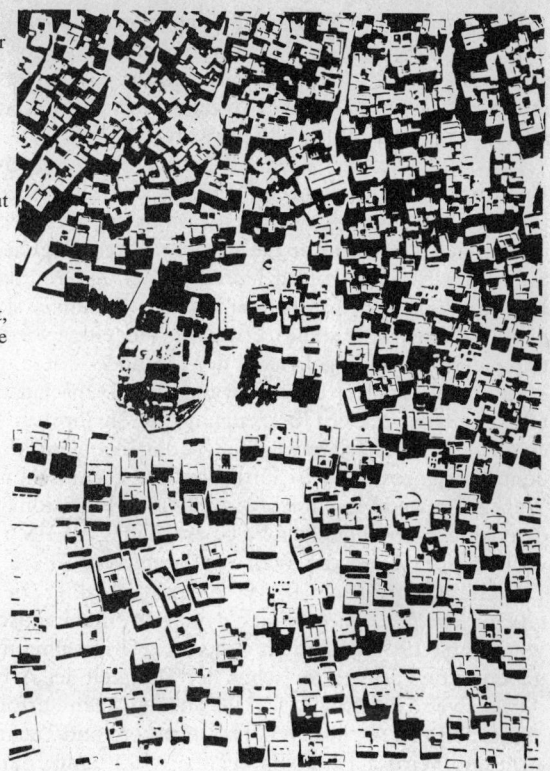

Wolkenkratzerstadt, Idealprojekt von Ludwig Hilberseimer, 1927 – Walter Gropius sprach 1935 von den neuen Bauorganismen, die aus der Zusammenarbeit von Architekten, Handwerkern und Technikern hervorgehen würden: »Die Gebundenheit solcher Bauorganismen an Industrie und Wirtschaft, an ihre Exaktheit und knappe Ausnutzung von Raum und Materie wird schließlich auch die Gestalt der größten Baueinheit, der Stadt, bestimmen.«

Der Katalog der Wertvorstellungen, von denen die Ideologie der modernen Bewegung ausging, wurde mit einem gewaltigen Aufwand an Gefühlen und rhetorischer Finesse zusammengestellt, eben nicht mit der Objektivität, die doch das lautstark proklamierte Beharren allein auf der Vernunft hätte erwarten lassen.

Die Erhebung der Vernunft zum entscheidenden Faktor für den Entwurf des Architekten erwuchs aus der Heroisierung des Ingenieurs und der von ihm angewandten rationalen Methode. Der Architekt mußte sich, nachdem er die hergebrachten Regeln der historischen Stile über Bord geworfen hatte, ein neues Grundkonzept für seine Entscheidungen beim Entwurf schaffen. Indem er sich mit dem Ingenieur auf eine Stufe stellte, erwarb er nun einen wie für ihn geschaffenen Katalog von Regeln samt der Methode – dem objektiven, systematischen Verfahren der angewandten Wissenschaften. Die Architekten kamen gar zu der Überzeugung, daß sie ihrerseits sich in den gleichen engen Grenzen bewegten wie der Ingenieur, der unter außerordentlich rigorosen wirtschaftlichen und technischen Anforderungen Werkzeuge und Maschinen von äußerster Präzision entwarf. Noch bedeutsamer war schließlich die Überzeugung, daß sich in diesen Regeln wahrhaft der Geist der Welt von heute verkörpere.

Walter Gropius zog 1935 in seiner Studie über *Die neue Architektur und das Bauhaus* (sie erschien damals in einer englischen Fassung und wurde erst 1965 nach dem deutschen Originalmanuskript herausgegeben) eine Parallele zwischen der Tätigkeit des Architekten und der Arbeitsweise der Industrie. Das »neue Bauen« erfordere die Zusammenarbeit von Architekten, Handwerkern und Technikern, von Industrie und Wirtschaft; allein aus dieser Zusammenarbeit könnten die neuen »Bauorganismen« hervorgehen[15]. »Die Gebundenheit solcher Bauorganismen an Industrie und Wirtschaft, an ihre Exaktheit und knappe Ausnutzung von Raum und Materie, wird schließlich auch die Gestalt der größten Baueinheit, der Stadt, bestimmen.« Und so faßt Gropius dann folgerichtig die Prinzipien, an denen sich der Architekt auszurichten habe, in Worte, die man gemeinhin auf das Werk des Ingenieurs beziehen würde: »Wir wollen den klaren organischen Bauleib schaffen, nackt und strahlend aus innerem Gesetz heraus ohne Lügen und Verspieltheiten, der unsere Welt der Maschinen, Drähte und Schnellfahrzeuge bejaht, der seinen Sinn und Zweck aus sich selbst heraus durch die Spannung seiner Baumassen zueinander funktionell verdeutlicht und alles Entbehrliche abstößt, das die absolute Gestalt des Baues verschleiert.«

Obwohl schließlich Le Corbusier und Gropius dem Architekten denn doch einen anderen Rang als dem Ingenieur zubilligten, hielt Le Corbusier an der Meinung fest, daß es die Ingenieure waren, die mit dem unparteiischen Verfahren von Berechnung und Kalkulation den einzig richtigen Ausgangspunkt für die Architektur aufgezeigt hatten.

## Rationalismus und die Maschine

Das rationale Verfahren des Ingenieurs wurde als der Weg angesehen, auf dem man zur »Wahrheit« gelangen konnte, zu einem fast mystischen Einswerden mit den Schöpferkräften des Kosmos. Doch die Bewunderung für die Maschine hatte auch subtilere Auswirkungen. Da die Maschine ihren Ursprung einem rationalen Verfahren verdankte, verband sie sich in der Vorstellung mit den Naturgesetzen, die nur durch den Verstand zu erfassen waren. Und dies wiederum brachte die Architekten dazu, daß sie an der Maschine moralische Eigenschaften entdeckten: Sie wurde als »vornehm« angesehen, als »fundamental« – im Sinne der Verkörperung von »Grundprinzipien« – und als ein »ehrlicher« Ausdruck der Zeit. Allmählich wurden dann diese Eigenschaften auf Gegenstände und Gebäude übertragen, die wie Maschinen aussahen, die also im Gesamteindruck einfach waren, auf Ornament verzichteten, eher geometrische denn frei gestaltete Formen aufwiesen und jeden Hinweis auf eine historische Entwicklung vermieden.

Die Akkuratesse, die mit den Methoden der Wissenschaft und dem Obwalten der Vernunft bereits vorgegeben war, verknüpfte sich dann mit der akkuraten Gestalt der Maschine. Ihre optische Überschaubarkeit und Eindeutigkeit war ebenso bedeutsam wie die Tatsache, daß sie die mit Händen zu greifende Manifestation des rationalen Prozesses darstellte. Maschinen brachten mit ihren klar umrissenen Proportionen, ihrer geballten Kraft und ihren glänzenden Metallteilen die Architekten so in Verzückung, daß sie schließlich als wahre Kunstwerke angesehen wurden. Gewiß tritt die Faszination der Maschine hier nicht zum erstenmal auf, sie hat schon in weit zurückliegenden Zeiten die Gemüter bewegt, doch einmalig ist das Ausmaß, in dem um den Beginn des zwanzigsten Jahrhunderts die ästhetischen Normen von der Maschine bestimmt wurden. Selbst die Schönheit vollendeter

Dorischer Tempel, Rekonstruktionszeichnung / Sechszylinder-Kolbenmotor für Flugzeuge, hergestellt von Benz & Cie in Mannheim, 1917 – Le Corbusier verglich die plastische Durchbildung der marmornen Tempel Griechenlands mit der funktionsgerechten Gestaltung der stählernen Maschine seiner Gegenwart

Schöpfungen des Altertums wurde mit Begriffen gepriesen, die sich von der Maschine herleiteten und direkt auf die Maschine bezogen waren. So verkündete Le Corbusier sein Lob des Parthenon[16]: »Das ist die Maschine, die uns erregt. Wir treten ein in die Unerbittlichkeit der Mechanik . . . All diese Mechanik in der Durchbildung der Form ist in dem Marmor mit jener Strenge verwirklicht, die wir an der Maschine zu üben gelernt haben. Ein Eindruck nackten und polierten Stahls.«

Die eindringlichste Aussage über die poetisch verklärende Einwirkung des Verstands auf ästhetische Wertvorstellungen machte 1924 der damals in Paris lebende und recht angesehene mexikanische Maler Angel Zárraga. Seine Worte werden von Guillaume Janneau in einem Kommentar zur großen Pariser Kunstgewerbeausstellung 1925 zitiert[17]: »In den Malern meiner Generation ruft der Schnitt zweier Flächen eine freudige Bewegung hervor wie in den Malern der neoimpressionistischen Generation – wohl in anderer Weise, aber mit der gleichen Intensität – der Übergang von einem zarten Grün zu einem Violett. Negerskulpturen, Möglichkeiten des Stahlbetons, Schiffsbau, Flugzeugbau, die sich heute anbieten und erschließen, und das berühmte ›alles besteht nur aus Zylindern, Kegeln und Kugeln‹ (Cézanne), sie alle tragen dazu bei, daß sich unsere Sensibilität grundlegend wandelt, indem sie uns zum Stil der festen Formen führen. Von da ist es nur ein Schritt bis zu der Vorstellung, daß unser Verstand über alles herrscht. Wir haben den Schritt gewagt.« Und ergänzend fügt der Kommentator hinzu: »Es ist daher der alles umfassende Ausdruck einer von neuen psychologischen Reizen bestimmten Sensibilität, der die Generation von 1919–1925 prägen will. Diese Reize werden von den Künstlern selbst aufgezählt: Da ist die Wissenschaft, die allumfassende Wissenschaft mit ihrem Relativismus und ihrer Zauberei, da sind das Kino, die Elektrizität, die Geschwindigkeit . . . und da sind die großen Werke, die das mechanische Rüstzeug unserer Zeit erstehen ließ – der Eiffelturm, Thema eines Raoul Dufy wie eines Jean Giraudoux, einer Irène Lagut wie eines Jean Cocteau.«

## Standardisierung

Die Modernisten, einig in der von ihnen unablässig gepredigten Ablehnung unterschiedlicher architektonischer Stilmittel und -formen, gingen nun daran, das gesamte Baugewerbe nach einem Grundsatzkatalog zu standardisieren (oder zu »rationalisieren«), um eine weltweit einheitliche moderne Architektur zu schaffen. Architektur sollte nicht menschliche oder kulturelle Unterschiede widerspiegeln, sondern die gesellschaftliche Gleichförmigkeit, wie sie die Technologie der Massenproduktion bereits hervorgebracht hatte. Le Corbusier forderte[18], die »geistigen Voraussetzungen für den Serienbau« zu schaffen: »Die geistige Voraussetzung für die Fertigung von Serienbau-Häusern. Die geistige Voraussetzung für das Wohnen in Serienbau-Häusern. Die geistige Voraussetzung für das Entwerfen von Serienbau-Häusern.«

Einige Modernisten, vor allem die Bewegung des Stijl in den Niederlanden – sie versammelte schon früh die Vorkämpfer für einen modernen Stil unter ihren Fahnen –, wollten sich möglichst ausschließlich der neuzeitlichen, industriell gefertigten Baumaterialien wie etwa des Stahlbetons bedienen, um den charakteristischen Ausdruck, die individuelle Note zu vermeiden, wie sie handgefertigte und von Hand bearbeitete Materialien, Backstein, Haustein oder Holz, einem Gebäude zu verleihen vermögen.

Mit der Standardisierung und der Anwendung von Techniken der Massenproduktion trachtete die moderne Architektur ganz bewußt nach der Schaffung einer einförmigen Stadtlandschaft, die, bar jedes besonderen Charakters und aller individuellen Züge, überall die gleiche sein sollte. Der einzelne Entwurf, das individuell gestaltete Gebäude durfte nicht länger das Gesamtbild stören – Walter Gropius war tatsächlich der Meinung, daß eine solche Standardisierung erst zu erreichen sei, wenn man endlich den persönlichen Entwurf, die individuelle Baugestaltung unterdrückt habe.

Die Architektur, das war das Ziel, sollte objektiv sein. Gropius behauptete, daß unter den Bedingungen der Massenproduktion der individuelle Ausdruck nicht gänzlich verschwinden würde, da der entwerfende Architekt noch immer gewisse Spielmöglichkeiten habe, indem er die vorgefertigten und standardisierten Elemente geschickt manipuliere. Er berief sich zur Unterstützung seiner These auf Beispiele aus der Vergangenheit, in denen eine »Standardisierung« zu einem einheitlichen Gesamtbild geführt habe, während im Detail doch noch eine gewisse Abwechslung verblieben sei. Zwar führt er nicht näher aus, worauf er sich bezieht, doch dürfte er wohl Beispiele einer bodenständigen Architektur vor Augen gehabt haben, wie sie von den Modernisten ihrer anspruchslosen Einfachheit wegen besonders geschätzt wurde – die schlichte Bauweise alpenländischer Bergbauerndörfer etwa oder griechischer Fischerdörfer. Was immer Gropius gemeint haben mag, der Trugschluß ist in jedem Fall, daß er die Einheitlichkeit einer traditionellen Bauweise mit der Standardisierung unserer Tage gleichsetzt. Die moderne Standardisierung arbeitet mit rigorosen Normen und führt zu gnadenloser Perfektion, beides aber war vor der

Fischerdorf in Griechen-
land und Apartment-
hochhäuser in New York

Fischerdorf in Griechen-
land und Apartment-
hochhäuser in New York

Einführung der maschinellen Fertigung unvorstellbar. In den Fischer-
dörfern, die, malerisch ausgebreitet, die Küsten Griechenlands säu-
men, erweisen sich Fenster, die aus der Entfernung ganz gleich aussehen, bei näherer Betrachtung als recht unterschiedlich, und das ist kein
Wunder, denn sie wurden von verschiedenen Handwerkern zu verschiedenen Zeiten angefertigt. Ruskin hat schon vor fast einem Jahrhundert darauf hingewiesen, daß solche geringfügigen Abweichungen
und Unregelmäßigkeiten die Fassaden beleben, das Auge verspürt sie
und summiert sie, beinahe unwillkürlich die Wand nach ihnen absu-
chend, zum Gesamteindruck. Gerade diese subtilen, das Auge be-

Teekanne, Silber, ver-
nickelt, mit Elfenbein,
Entwurf Marianne
Brandt, 1924, hergestellt
von der Bauhaus-
Werkstatt in Weimar /
Kännchen, Kunststoff,
Entwurf Eva Zeisel, um
1960 – die Massen-
produktion führt nicht
automatisch zu
maschinenartigen
Formen: die Teekanne
mit ihren geometrischen
Flächen und Rundungen
entstand in Handarbeit,
das Kännchen mit seinem
kurvig geschwungenen
Umriß ist maschinen-
gefertigte Massenware

schäftigenden, ganz und gar nicht normgerechten Unregelmäßigkeiten aber hat die Massenproduktion ausgemerzt. Die moderne Norm, die scharfkantige Paßform maschinell gefertigter Elemente ist von anderer Art als alles, was Gropius zum Beweis für eine Standardisierung in vergangenen Zeiten anführen wollte.

## Romantizismus

Die Romantik gehörte um die Mitte des neunzehnten Jahrhunderts bereits der Vergangenheit an, doch manches vom Gedankengut der Romantik, so etwa die Vorstellungen von der Rolle des Genies und der Bedeutung der Originalität in der Kunst, hat sich bis zum heutigen Tag gehalten.

Die Romantiker hatten den Künstler zu einem Rang erhoben, wie es ihm noch in keiner Epoche zuvor beschieden war. Vordem hatte man an die göttliche Inspiration des Künstlers geglaubt, hatte ihn als den Künder von Visionen gesehen, die jenseits irdischer Erfahrung lagen. Der geniale Künstler war in außerordentlichem Maße talentiert und hob sich so aus der Masse der weniger Talentierten heraus. Der Unterschied zwischen dem Künstler und dem Handwerker war quantitativ. In der Romantik aber wurde der Künstler zum Schöpfer, der Quell der Inspiration lag in seinem eigenen Wesen, er erschuf Neues aus eigener Kraft und Vollmacht. Ihm war eine einzigartige spirituelle Einsicht gegeben, die ihn die Wirklichkeit in einer Weise erfassen ließ, wie sie sich dem Verstand sonst verschloß. Der Unterschied zwischen Künstler und Handwerker war nicht länger quantitativ, er war nun qualitativ.

Mit dieser neuen Betonung der künstlerischen Individualität ging eine ähnliche Betonung der künstlerischen Originalität einher, der Originalität als Grundvoraussetzung für künstlerische Größe. Der gängige Sinn des Begriffs »original« in der Kunst, grob gesagt etwas bis dahin noch nicht Dagewesenes, kam erst vergleichsweise spät auf und führt auf die ersten Anfänge der Romantik zurück, wie etwa das *Oxford English Dictionary* mit zwei seiner Definitionen für das Adjektiv belegt: »3. Unmittelbar . . . durch etwas oder jemanden hervorgebracht; nicht abgeleitet, unabhängig/1792. 4. Etwas, das noch nie zuvor gemacht oder hervorgebracht worden ist; neuartig oder ganz neu im Wesen oder im Stil /1756.«

In seiner Sicht der Dinge mußte der Künstler notwendigerweise original sein, da diese aus seinen inneren Wahrnehmungen erwuchs. Die Romantiker legten großen Wert auf die persönliche Erfahrung und erwarteten daher auch, daß die wesensbedingte, durch die jeweilige und einmalige Erfahrung geprägte Sicht der Dinge von Künstler zu Künstler verschieden sein müsse. Das Werk eines Künstlers mußte original sein, und der Grad der Originalität war bestimmt vom Genie des Künstlers.

Wenn ein Künstler nur nachahmte, nur wiedergab, was man sah, oder wenn er nur den herrschenden Vorstellungen von Schönheit folgte, ließ er demnach die Originalität vermissen und war unfähig, große Kunstwerke zu schaffen. Darum galt ein jeder, der sich vom Zeitgeschmack leiten ließ, nur als ein Handwerker, nicht als ein schöpferischer, originaler Künstler. Der wahre Künstler verwarf die herrschenden Vorstellungen von Schönheit und schuf sich sein eigenes Idealbild. Damit stellte er sich außerhalb der Gesellschaft, er wurde zum Aufbegehrenden, zum Rebell.

Daß der Platz des Künstlers außerhalb der Gesellschaft sei, ist heutzutage die gängige Ansicht, und sie läßt es so erscheinen, als wäre dies von jeher die Situation des Künstlers gewesen. Doch dem ist beileibe nicht so. So läßt zum Beispiel Vasari ein ganz anderes Verhalten von Künstlerschaft und Öffentlichkeit erkennen, wenn er in seinen *Lebensbeschreibungen* über die Ausstellung eines Gemäldes von Leonardo da Vinci berichtet, zu der alles herbeiströmte, »Männer und Frauen, jung und alt, als ob sie sich zu einem großen Fest einfänden«. Das romantische Bild vom Künstler, der seine Individualität verrät, wenn er sich die gängigen Vorstellungen von Schönheit zu eigen macht, hat die nachfolgenden Generationen bestimmt und herrscht noch immer vor. Zur Verewigung dieses romantischen Bildes vom Künstler als Genie und Rebell haben die Modernisten das Ihre beigetragen. Indem sie sich seiner bedienten, verurteilten sie die weitverbreitete Vorliebe für jene eklektische Architektur, die das neunzehnte und frühe zwanzigste Jahrhundert hervorgebracht hatte, und verkündeten zum Entsetzen der Zeitgenossen, daß die Villen der Schlotbarone häßlich, ihre Fabriken aber schön seien.

Was nun eigentlich Schönheit sei, worin sie bestehe, darüber gehen die Auffassungen der modernen Architekten seit den zwanziger Jahren dieses Jahrhunderts auseinander. Die Technokraten halten an der Überzeugung fest, daß Schönheit nur im Serienbau mit Industriebauteilen zu erzielen sei, während eine andere Gruppe sie eher im rustikalen Typus nach Art des Schuppens oder der Scheune findet, und wieder andere können sie nur in Supermärkten, Einkaufszentren und Bürohochhäusern erkennen. Und dann gibt es auch noch Architekten, die Formen ohne jede historische Bindung bevorzugen, Abstraktionen, die schön sind, weil sie modern sind.

All diese Vorstellungen aber, so unterschiedlich sie auch sind, finden sich wieder zusammen in der Ablehnung – sie zielen sämtlich auf eine Schönheit ab, die nicht »volkstümlich« ist in dem Sinne, daß sie von der Mehrheit als solche empfunden und verstanden würde. In dieser Hinsicht scheinen die Architekten an der einmal übernommenen Vorstellung der Romantik – an einer Vorstellung des vergangenen Jahrhunderts also – festzuhalten, daß einer, der die volkstümliche Auffassung von Schönheit teilt, über keine Originalität und Schöpferkraft verfüge und daher eben kein Künstler sein könne.

Für die meisten Menschen, die nicht selbst Architekten sind, mag die landläufige Vorstellung von Schönheit der Architektur eine Reihe unterschiedlicher Komponenten jener von den Modernisten gepflegten Schönheitsideale enthalten. Der eine findet vielleicht Fabrikgebäude schön, der andere Einkaufszentren, dieser schließt Schuppen und Scheunen, jener abstrakte Formen mit ein. Doch diese werden gemeinhin nur akzeptiert, solange der ursprüngliche Sinn und die eigentliche Funktion gewahrt sind – einige Scheunen mögen schön sein, aber eben als Scheunen und nicht, wenn sie sich plötzlich als Wohnhäuser im geborgten Gewand entpuppen, einige Fabriken mögen schön sein, aber als Fabriken und nicht, wenn sie sich als mit Versatzstücken von Industrieanlagen aufgeputzte Wohnhäuser erweisen. Die Modernisten wollten den Bruch mit den landläufigen Vorstellungen, daher rissen sie die gewachsenen Formen aus ihren natürlichen, für jedermann verständlichen Zusammenhängen und bauten Häuser, die wie Scheunen oder wie Fabriken erscheinen, die gar als maßstablose Abstraktionen von umbautem Raum auftreten. Mit Ausnahme einer indoktrinierten Elite ist kaum jemand an diesen Verfremdungseffekten, diesen gewollten Verstößen wider die landläufigen Vorstellungen interessiert, ganz im Gegenteil, die Mehrheit der Menschen zieht es vor, in den traditionell verzierten Altbauten oder den sachlich gestalteten Neubauten, in den unprätentiösen Reihenhäusern oder den nach eigenen Wünschen entstandenen Einfamilienhäusern zu leben.

Ablehnung der Vergangenheit, davon war die moderne Architektur ausgegangen. Die Faktoren, die in diesem Konzept der Ablehnung wirksam waren, lassen sich kurz zusammenfassen:

1. Die Architekten glaubten, daß sie durch einen Wandel in der Umgebung des Menschen entscheidend auf dessen Lebensweise und Gewohnheiten einwirken könnten.

2. Es hatte sich allgemein ein Glaube an Fortschritt und Wandel herausgebildet, der die Vergangenheit und ihre Traditionen als bedeutungslos für die Gegenwart erscheinen ließ.

3. Es hatte sich unter den Architekten der Glaube an eine neue Phase der Architektur herausgebildet, in der diese durch den Verzicht auf alles, was keinem praktischen Zweck diente (so etwa durch den Verzicht auf das Ornament), zur Übereinstimmung mit den Naturgesetzen gelangen könne.

Dabei hatte man Vorstellungen auf die Architektur übertragen, die zum Teil auf einem nur unvollständigen Verständnis der Evolutionslehre beruhten.

Nach dem weitverbreiteten, freilich irrigen Verständnis der Evolutionslehre ist wissenschaftlich nachgewiesen, daß die Entwicklung unablässig fortschreitet und die menschliche Gesellschaft von Stufe zu Stufe ihre Situation verbessert. Gemäß der Evolutionslehre paßten sich die Gattungen auf dem Weg der Erbmutation fortgesetzt den Umweltbedingungen und deren Veränderungen an, während im Zug der Entwicklung zu ständig vollkommeneren Formen nutzlos gewordene Organe verkümmerten und nicht weiter entwicklungsfähige Gattungen ausstarben. So lautete das Naturgesetz, dem auch der Mensch unterlag – die Entwicklung war seinem Einwirken entzogen, ihm blieb nur das Staunen und die Einsicht.

Dieses weitverbreitete Verständnis der Evolutionslehre hatte zu der Überzeugung geführt, daß die Vergangenheit, zumindest in biologischer Sicht, überholt sei. Zurückzublicken brauchte nur noch, wer sich der Paläontologie widmete, nicht aber, wer sich für die Gegenwart und die Zukunft interessierte. Auf die Architektur übertragen bedeutete dieser übertrieben vereinfachte Glaubensgrundsatz die Rechtfertigung für das modernistische Konzept, wenn es die traditionellen Stile hinter sich ließ. Der Modernist warf die Vergangenheit über Bord und verkündete forsch, daß die Architektur der Vergangenheit – samt aller

Der Dodo, ein nicht flugfähiger Waldvogel auf Mauritius, seit dem späten 17. Jahrhundert ausgestorben, Skizze, 17. Jahrhundert – nach der Evolutionslehre waren nutzlos gewordene Spezies zum Aussterben verurteilt

historischen, sozialen, ökonomischen und technischen Voraussetzungen, die sich mit ihr verknüpften – ebenso ohne Sinn und Bedeutung sei wie die vierte Kralle beim Faultier. Von dieser Sicht des Kommenden schrieb 1914 der italienische Futurist Antonio Sant'Elia[19]: »Eine so geartete Architektur kann natürlich in keiner Weise dem Gesetz der historischen Kontinuität unterworfen sein. Sie muß ebenso neuartig sein wie unsere Geisteshaltung und wie das zufällige Auf und Ab unserer historischen Gegenwart.«

Solche simplifizierten Vorstellungen von der Evolution bestärkten auch den Glauben an die Möglichkeit eines ganz neuartigen modernen Stils. Wenn sich, wie man nun wußte, neue Formen zur Anpassung an neue Bedingungen herausbildeten, so würden alte Formen der Architektur, die in der Vergangenheit ihre Berechtigung gehabt hatten, den Anforderungen der Gegenwart nicht mehr gerecht werden können. Wenn auch diese Auffassung gröblich den Wert unterschätzte, den Erfahrung und Empfindung der Umwelt für den Menschen haben, so bot sie doch eine einfache, klare und scheinbar wissenschaftlich fundierte Rechtfertigung für die Schaffung eines unabhängigen, völlig neuartigen »modernen« Stils.

Überdies unterstrich die Evolutionslehre die tiefverwurzelte Forderung nach einem an der Wirtschaftlichkeit orientierten Handeln, die Forderung also, auf die sich der Funktionalismus stützte. Wenn schon das Leben selbst durch die Abstoßung alles Unwesentlichen garantiert wurde, warum sollte sich dann der Architekt nicht vom gleichen Prinzip leiten lassen? Die unpersönliche Kahlheit der modernen Architektur war das Ergebnis eines Ausscheidungsprozesses, in dem alle unnötigen Formen abgestoßen wurden, entsprechend dem natürlichen Entwicklungsprozeß, der unnötige Organe und Gliedmaßen allmählich verkümmern ließ und endlich abstieß. So neigte man dazu, den Weg des Modernismus unter den Aspekten der natürlichen Auslese zu sehen.

## Anti-Historizismus und der Geist der Zeit

Die Romantik hatte den Künstler zum ungewöhnlichen Menschen gemacht, der sich dem gewöhnlichen Geschmack verschloß, zum Rebellen zwar, aber auch zum möglichen Führer. In der Frühzeit der modernen Bewegung sahen es besonders die Architekten als ihre Aufgabe an, die Massen aus ihrer Unwissenheit herauszuführen, indem sie neue Maßstäbe setzten, die der gewöhnliche Sterbliche sich zu eigen machen würde, sobald er nur die ihnen innewohnende Logik erkannt hatte. Ihren Bestrebungen kam die populäre Ausdeutung des Darwinismus ebenso zugute wie das Gefühl einer ständigen und unausbleiblichen Verbesserung, die mit den Fortschritten der Technik einherging. Dies alles verband sich in unheilvoller Weise mit dem zerstörerischsten der Glaubensgrundsätze der modernen Ideologie, ihrem Anti-Historizismus.

Auf ihr Banner hatte die neue Architektur die Verleugnung der alten Architektur geschrieben. Die Architekten rissen sich los von den Wurzeln der Tradition und bewegten sich frei in der neuen Welt, die sie selbst schufen. 1923 hatte Le Corbusier in *Vers une architecture* das Heraufkommen einer neuen Epoche, einer neuen Gesinnung verkündet, die sich vor allem in der industriellen Fertigung bemerkbar mache. Die traditionelle Architektur, befand er, ist überlebt[20], sie »erstickt am alten Zopf. ›Stile‹ sind Lüge«. Fünfundzwanzig Jahre später wiederholte Aldo van Eyck, ein Modernist der zweiten Generation, auf der Bridgewater-Konferenz der CIAM die Verkündigung: »Eine neue Kultur wird geboren.« Und in den siebziger Jahren klammert sich die dritte Generation der Modernisten noch immer an die Behauptung, daß die Traditionen erloschen sind und eine neue Gesellschaftsordnung an ihre Stelle getreten ist.

Die Modernisten glaubten, daß sich unter dem Wirken des überall zu verspürenden »Geistes der Zeit« neuartige Formen der Architektur herausbilden würden, die der neuen, der modernen Epoche gemäß wären. Man erklärte, daß der »angemessene« Stil nur entstehen könne, wenn die neuesten Materialien und die neuesten Techniken angewandt würden, um damit neue, neuartige architektonische Formen zu gestalten, nicht aber, wenn diese neuen Materialien und Techniken lediglich zur Weiterführung der auf Tradition beruhenden Formen dienten. Wie es um das Wirken des »Zeitgeists« bestellt war, wurde nicht klar gesagt, doch wurde er immerhin so oft beschworen, daß es sich lohnt, das Phänomen einmal genauer zu betrachten.

Nach Auffassung der Modernisten hatten sich im Gefolge der technischen Entwicklung die Lebensbedingungen des Menschen in einem Maße verändert, daß ihm nur die Wahl blieb, sich entweder in die neue Situation zu fügen und seine Umwelt völlig neu zu gestalten, oder aber am Vergangenen festzuhalten und schließlich daran zu ersticken. Der Architekt, Herold des Zeitgeists, würde die Massen erziehen und sie den rechten Weg führen, indem er die rechten Formen für die neue Zeit aufzeigte und erschuf.

Der »Zeitgeist« war die allumfassende Kraft, die den Architekten in seinen Entscheidungen lenkte. Zumindest konnte er als Ratgeber eingreifen, wenn es darum ging, zwischen zwei möglichen Lösungen zu wählen und die zweckmäßigere zu finden, doch wenn es hoch kam, dann zeigte er sich als der Herr und Meister eines wundersamen »natürlichen Wachstums«, das, frei von des Menschen Willkür, das Unausweichliche Wirklichkeit werden ließ. Walter Gropius setzte 1935 in seiner Studie über *Die neue Architektur und das Bauhaus* den Formen traditioneller Architektur das Wesen des »neuen Bauens« entgegen, in dem sich »räumliche Harmonie, Ruhe, edle Proportion« verwirklichen würden[21]. »In fortschreitender Entwicklung, weg von architektonischen Launen und Verspieltheiten zu dem Diktat konstruktiver Logik, haben wir gelernt, das Leben unserer Epoche in reinen, vereinfachten Formen auszudrücken.«

Bisher hatte sich der Architekt, der Baumeister, leiten lassen vom Wissen um die Bauten der Vergangenheit, um die Geschichte der Baukunst, um die Entwicklung der Stile und um die Anwendung der Formen. Aus der Anleitung durch die Vorbilder und aus den Bedingungen, die durch Material, Technik und andere praktische Voraussetzungen gegeben waren, erwuchs die vergleichsweise klare und eindeutige Gestalt des Gebäudes. Originalität war dabei keineswegs ausgeschlossen, denn innerhalb des abgesteckten Rahmens bot sich dem Baumeister noch reichlich Bewegungsfreiheit. Doch mit dem Verzicht auf die traditionellen Stile war dem Baumeister die Anleitung durch die Vorbilder genommen, es gab kein Bezugssystem mehr, an dem sich bis dahin die ästhetische Bewertung hatte ausrichten können. Die alte Autorität, die Vergangenheit, war tot, eine neue Autorität mußte her, und da kam der alles durchwaltende »Zeitgeist« gerade recht. Er offenbarte sogleich seine unschätzbaren Vorzüge, während die moderne Bewegung ihre neue Tradition aus der Taufe hob – er war der Natur nach unausweichlich und er war dem Wesen nach vieldeutig, er bestimmte die Richtlinien der Architektur mit absoluter Autorität und beliebig auszulegenden Weisungen.

## Der universale Stil

Nachdem schon die Gründungsmitglieder der Bewegung den modernen Stil für unausweichlich erklärt hatten, erwarteten die Modernisten, daß ihn nun jedermann anerkennen und sich zu eigen machen werde. Statt dessen ist der Modernismus eine elitäre Bewegung geblieben, die Mehrheit akzeptiert ihn nicht, hat andere ästhetische Vorstellungen. Der große Sieg blieb dem Modernismus versagt, die größten Einbrüche in das Privatleben des Durchschnittsbürgers, die er in den Kämpfen erzielen konnte, hat er in der Küche und im Badezimmer erzielt.

Zeitgemäß sei einzig und allein ihre Architektur, erklärten die Modernisten. Ihre Überzeugung stand im Widerspruch zur Meinung der überwältigenden Mehrheit aller potentiellen Hauseigentümer vor allem in Großbritannien und den Vereinigten Staaten. Wenn sie glaubten, daß traditionelle Ausdrucksformen nicht mehr für wertvoll gehalten, nicht länger geschätzt und geliebt würden, schlossen sie sich damit automatisch von der Mitwirkung bei einer der bedeutsamsten Entwicklungen im Städtebau aus – von der Planung und Errichtung neuer Vorstädte und Siedlungen. Die Architekten überließen dieses Feld den Nichtarchitekten, weil sie nicht bereit waren, Häuser nach traditionellem Muster und mit traditionellen Zügen zu entwerfen, ganze Vorstadtbezirke und Siedlungen mit Eigenheimen zu planen.

New York, N. Y., Kaufhaus, um 1880 – die Fassade, aus Elementen in Eisenguß zusammengesetzt, bedient sich noch der überlieferten Gliederung wie der überlieferten Formen abendländischer Architektur

New York, N. Y., Starrett-Leigh Building, Architekten Russel G. Corry und Walter M. Corry mit Sozius Yatsuo Matsui, 1931 – technische Möglichkeiten wurden oft als Begründung für Ausdrucksformen der modernen Architektur angeführt: das System der durchlaufenden Fensterbänder wurde möglich, weil die moderne Konstruktion weitgehend auf tragende Wände im Inneren verzichten konnte

# III. Soziale Mißstände und die Umwelt

Die Evolutionslehre hatte hervorgehoben, daß die natürliche Umwelt als mittelbarer Faktor auf die Herausbildung der Eigenschaften einer Spezies einwirke. Betrachtet man die unseligen sozialen Zustände und die tatsächlichen Lebensbedingungen in den Industriestädten des neunzehnten Jahrhunderts unter diesem Gesichtspunkt, so erscheint die Schlußfolgerung nur logisch, daß es die elenden Lebensbedingungen waren, die das soziale Elend hervorbrachten. Man müsse nur, so glaubte man, von den schmalen Straßen, den engen Häusern, den lichtlosen Hinterhöfen wegkommen, um die Ursachen des sozialen Elends aus der Welt zu schaffen. Das wird auch an den Äußerungen zweier Kritiker deutlich, die ihrerseits stark auf das Denken der Zeit eingewirkt haben. John Ruskin verurteilte mit den Auswüchsen des Merkantilismus die Häßlichkeit und Verkommenheit der Industriestädte und forderte bessere Lebensbedingungen, menschenwürdige Behausungen, wie er etwa 1865 in *Sesame and Lilies* ausführte, in »Gruppen wohlproportionierter Häuser« an einer »sauberen und geschäftigen Straße draußen in einer offenen Landschaft«. William Morris, der in seinen Lehrjahren nicht zuletzt von Ruskin ausgegangen war, verkündete dann, vor allem 1891 in *News from Nowhere*, sein Utopia, in dem für Industriestädte kein Platz mehr war. In ihrer Nachfolge setzten schließlich Künstler, Architekten und Sozialreformer das soziale Wohlbefinden mit Sauberkeit, Hygiene und Freiflächen gleich. Die von modernen Architekten vertretene Theorie, daß die Form das Verhalten bestimmen könne, hat hier ihre Wurzeln.

1898 veröffentlichte Ebenezer Howard, Stenograph im Parlament von Westminster, ein Buch, das zu einer der einflußreichsten Schriften in der Entwicklung des modernen Städtebaus werden sollte. *To-morrow: A Peaceful Path to Real Reform* hieß das Buch zunächst, bis es 1902 in einer Neuausgabe unter dem Titel *Garden Cities of To-morrow* erschien. Der Autor schlug darin eine neuartige städtebauliche Lösung vor, mit der er fast allen Problemen der modernen Großstadt abhelfen wollte. Nach seiner Vorstellung sollten auf dem flachen Land neue Städte oder »Gartenstädte« gebaut werden, Städte von begrenztem Umfang, in denen aber alle notwendigen Einrichtungen ebenso

Wohnhochhäuser inmitten von Parkanlagen – die moderne Variante der Gartenstadt von gestern

wie kulturelle Institutionen vorhanden waren, in denen Handwerk, Industrie und Handel blühten, so daß sie in sich lebensfähige Gemeinden bildeten. Von diesem Buch sind entscheidende Impulse auf Stadtplanung und Städtebau ausgegangen, im Rückblick freilich stellen sich seine Thesen als eine seltsame Mischung aus Moralismus, Pragmatismus und Optimismus dar. Es ist ein Musterbeispiel für die simplifizierende Darstellung der Wechselbeziehung zwischen Umwelt und Verhalten im Sinne von Ursache und Wirkung, wie sie noch heute in Architektur und Städtebau nachwirkt – sie hat den modernen Architekten zu dem Glauben geführt, daß er Lebensweise und Gewohnheiten des Menschen ändern könne, indem er die äußerliche Umgebung veränderte. Howard selbst war sich seiner Sendung bewußt gewesen, er hatte die Antwort gefunden[22] auf die entscheidende Frage, »wie man das Volk wieder auf das Land zurückleiten könne«. Somit hatte man nun den Schlüssel in der Hand zu einer »Tür, durch deren kaum erschlossene Öffnung eine Flut von Licht hereinströmt, das sich über die Probleme des Alkoholismus, der Überarbeit, der ruhelosen Angst und der zermürbenden Armut ergießt, Übel, denen der Staat bisher ratlos gegenüberstand, ja, die selbst das Verhältnis des Menschen zur Höchsten Macht erschüttern«.

Das Wohnhochhaus inmitten der Parkanlage, das von frischer Luft umgeben ist und sich zur Sonne öffnet – nicht zuletzt eine späte Verwirklichung von Vorstellungen des neunzehnten Jahrhunderts, erwachsen aus Ergebnissen der Evolutionslehre und ergänzt durch das Konzept der Gartenstadt – ist zum Kennzeichen, zum Symbol der modernen Architektur geworden.

## Die soziale Komponente in der modernen Architektur

Die Theoretiker der modernen Architektur in den zwanziger und dreißiger Jahren waren zwar oft recht vage in ihren Erklärungen zur Erfüllung bestimmter sozialer Zielsetzungen, doch sie alle wollten die beklagenswerten sozialen Zustände bessern, die in den Großstädten im Gefolge der Industrialisierung entstanden waren. Sie wollten den Menschen »modernisieren«, ihn in »Einklang« bringen mit der neuen Zeit, und das bedeutete, daß es alles zu beseitigen galt, was an die Vergangenheit erinnerte und dem Fortschritt, der Entfaltung des modernen Lebens im Wege stand. Ihre Verbesserungsvorschläge kannten kaum Grenzen, sie reichten von der Anlage endloser Straßendurchbrüche, mit denen endlich die alten engen und gewundenen, für den Autoverkehr so ungeeigneten Straßen aus dem Weg geräumt würden, bis zur Errichtung von riesigen Wohntürmen, die ganze Reihen alter drei- und viergeschossiger Wohnhäuser ersetzen und die Schaffung neuer Freiflächen zulassen würden. Die Vorteile der Industriegesellschaft möglichst vielen Menschen zukommen zu lassen – das war in der Tat ein edles Ziel, doch die Art, in der die Verkünder der modernen Bewegung darangingen, dieses Ziel zu erreichen, war zerstörerisch.

Die ideologische Diskussion der modernen Architektur neigte, wie schon gesagt, von jeher dazu, sich eher mit der Frage zu beschäftigen, wie die Menschen leben sollten, als mit der Feststellung, wie die Menschen lebten, sie strebte nach der Neubestimmung der Grundwerte, der sozialen ebenso wie der ästhetischen. Wenn eingewurzelte soziale Formen und Verhaltensweisen sich den modernen Vorstellungen von Gestalt und Nutzen der Häuser, der Straßen, der Städte einfügten, wurden sie von den Architekten einfach ignoriert, fanden sie doch die Rechtfertigung ihrer Allmacht in der proklamierten Überzeugung, daß alle Menschen auf dieser Erde die gleichen sozialen, ästhetischen und physischen Grundbedürfnisse haben.

Eingebürgerte berufliche Gewohnheiten bestärkten die Modernisten in der Annahme, daß im Entwurf, einerlei, wer nun der Bauherr war, die ästhetischen und sozialen Wertvorstellungen des Architekten zum Ausdruck kommen sollten. In der Vergangenheit hatten die Bauherren den Auftrag einem Architekten ihrer Wahl gegeben, für den sie sich entschieden, weil er allgemein geachtet und geschätzt war, und die ästhetischen Entscheidungen des Architekten wurden akzeptiert, weil er ein anerkannter Fachmann war.

Entscheidungen des Architekten, die mit der Lebensweise des Bauherrn, seiner privaten Sphäre und seiner gesellschaftlichen Stellung zu tun hatten, wurden ebenfalls von althergebrachten Gewohnheiten bestimmt, und der Architekt traf seine Entscheidungen mehr oder minder unbewußt. Diese Entscheidungen bezogen die Vorstellungen mit ein, die der Bauherr selbst von seinem Privatleben, von seiner häuslichen Atmosphäre hatte und die sich in seinem Raumempfinden widerspiegelten. Von solchen Vorstellungen des Bauherrn konnten bedeutsame Entscheidungen abhängen. Hier seien nur einige der augenfälligsten genannt. 1. Die Anordnung der Fenster: Wenn sie auf die Straße hinausgehen, vermitteln sie den Kontakt zwischen den Vorgängen im Haus und auf der Straße, und wenn sie auf den Garten hinausgehen, verbinden sie Drinnen mit Draußen im ganz privaten Bereich; 2. Die Anordnung der Türen: Wichtig ist, ob sie in einen mehr formellen oder in einen persönlicheren Bereich des Hauses führen, und das hängt davon ab, ob der Bauherr häufig Geschäftsfreunde zu empfangen (also ein formell geprägter Bereich erforderlich ist) oder eher Verwandte und enge Freunde zu Gast hat (also ein persönlicher gestalteter Bereich erwünscht ist); 3. Die Verteilung der Räume im Haus: Wichtig ist, ob etwa ein besonderes Speisezimmer nötig ist, weil der Hausherr häufig Gäste und Besucher im formelleren Rahmen zu bewirten hat, ob die Eltern lieber für jedes Kind ein eigenes Zimmer haben wollen oder eher ein gemeinsames Zimmer für mehrere Kinder wünschen. Derartige Entscheidungen werden zugleich auch von der unmittelbaren Nachbarschaft, der weiteren Umgebung, der allgemeinen Situation im betreffenden Ortsbereich bestimmt und wirken ihrerseits auf diese zurück, drücken sich darin doch das Verhältnis der Häuser zu ihrer Umgebung, die Beziehungen zwischen den Häusern, die Beziehungen zwischen privater Sphäre und öffentlichem Raum aus. Die gleiche Art von Entscheidungen betrifft auch Bürohäuser oder Theater, Parkanlagen oder Spielplätze – im Endresultat fördern oder beeinträchtigen sie Verhaltensweisen.

In der vorindustriellen Gesellschaft wußte der Architekt entweder ganz intuitiv die Wünsche und Bedürfnisse des Bauherrn zu erfassen, weil sie seinen eigenen Vorstellungen gemäß waren, oder er fand sich in der Situation, daß die Erfüllung dieser Wünsche und Bedürfnisse bereits durch einen von der Tradition bestimmten Kanon geregelt war und er sich nur an die Regeln zu halten hatte. Mit der beginnenden Industrialisierung trat ein Wandel in den Beziehungen zwischen Architekt und Bauherr ein. So wurde der Architekt jetzt mit Projekten größeren Umfangs beauftragt, bei denen der Auftraggeber – häufig eine Behörde – nicht mehr die Person war, die selbst das Gebäude beziehen, darin leben oder arbeiten wollte, und dieser Unterschied zwischen Auftraggeber und Benutzer bedeutete eine einschneidende Veränderung. Nicht nur ging dem Architekten damit der unmittelbare Kontakt mit dem zukünftigen Benutzer als dem Auftraggeber verloren, der bislang das Verhältnis zwischen Baumeister und Bauherrn bestimmt hatte, sondern – und das war noch bedeutsamer – der Architekt hatte nun auch vielfach mit Auftraggebern zu tun, die aus einer anderen Schicht oder gar aus einem anderen Kulturkreis kamen und sich daher, ohne daß dies den Beteiligten recht bewußt war, in ihren Vorstellungen und in ihrem Raumempfinden von ihm unterschieden – in der ganz anderen Art, in der hier der Architekt, dort der Auftraggeber einen Raum aufnehmen, sich in ihm bewegen und verhalten würde.

Die meisten modernen Architekten setzten sich über diese Unterschiede sozialer und kultureller Natur hinweg und gingen in ihren Entscheidungen von der eigenen Erfahrung aus in der Erwartung, daß die Auftraggeber und Benutzer sich an die Lebensweise gewöhnen würden, die sie ihnen vorschrieben. Dabei dachten sie nicht einmal daran, daß sie vielleicht die tatsächlichen Wünsche und Bedürfnisse der Auftraggeber beiseiteschoben, sie glaubten im Gegenteil, daß sie nur ihre sozialen Verpflichtungen ihnen gegenüber erfüllten. Oder war es ihnen, den modernen Architekten, nicht aufgegeben, die Menschen von ihren eigensinnigen und beschränkten Ansichten abzubringen und sie hinzuführen zu einem allgemeingültigen, universalen Entwurf des Lebens und Wohnens, der schließlich dem fortgeschrittenen Stand der modernen Technik entsprach und zu einem besseren Dasein führte?

An der weltweit verbreiteten Einförmigkeit der modernen Architektur wird deutlich, daß der Anspruch der Allgemeingültigkeit, der Universalität, wie ihn die Architekten selbst formuliert und propagiert hatten, ihre eigenen Wertvorstellungen ständig stärker in den Vorder-

Die Fenster des Hauses
als verbindendes
Element zwischen
Drinnen und Draußen –
hier geschlossen und
halb verhangen, dort
offen und immer genutzt

grund treten ließ und soziale wie kulturelle Unterschiede immer weiter verdrängte – im Namen der angeblichen Einheitlichkeit der Gesellschaft und des menschlichen Lebens dieser neuen Zeit.

1929 hatte Walter Gropius seine Vorstellung von der »Minimalwohnung« als Grundlage eines neuen, universellen Standardprogramms im städtischen Wohnungsbau verkündet[23]. »Die Vergesellschaftung der Arbeit hat die Sozialisierung eines großen Teils der ehemaligen Funktionen der Familie zur Folge gehabt. Die Vergesellschaftung der Arbeit befördert: die Verselbständigung des Individuums – auch der Frau –, die durch die Zunahme der Verkehrsmittel begünstigte Freizügigkeit, die frühzeitige Abwanderung der Kinder aus der Familie . . . Die Verschiebung der gesellschaftlichen Grundlagen erfordert eine neue Prägung des Programms der Minimalwohnung.« Doch die gesellschaftlichen, die kulturellen Unterschiede sind nicht verschwunden. Jede Wand und jedes Fenster steht in Beziehung zu bestimmten sozialen wie ästhetischen Voraussetzungen und Werten, und diese Beziehung ist von Schicht zu Schicht, von Kultur zu Kultur anders. Für die Arbeiterfamilie ist das Fenster zur Straße, was für die mittelständische Familie das Telefon ist: ein Mittel zur unmittelbaren Verständigung mit dem Nachbarn, mit anderen Menschen. Im vom Mittelstand bevorzugten Außenbezirk hingegen ist die Straße nicht der erweiterte Lebensbereich der Hausbewohner, und das Fenster zur Straße läßt sich vielleicht nicht einmal öffnen, hier ist es vielmehr ein Statussymbol, es gehört zum Haus und zeigt zugleich an, daß der Besitzer zur entsprechenden Gesellschaftsschicht gehört.

Für das unterschiedliche Raumempfinden, das von Schicht zu Schicht, von Kultur zu Kultur ganz anders sein kann, lassen sich zahllose Beispiele anführen. Als Algerien unabhängig wurde, übernahmen Algerier die Wohnhochhäuser, die von Franzosen für Franzosen gebaut waren. Doch die neuen Wohnungsinhaber benutzten die Wohnungen nicht so, wie sie gedacht und gebaut waren – sie hängten sämtliche Türen aus und durchbrachen, wo möglich, die Wände, um den Wohnraum weiter zu machen. Während die Europäer trennende Wände und Türen brauchten, um die private Sphäre abzuschirmen, zogen die Algerier eben weite offene Räume vor, denn bei ihnen pflegt man das Privatleben der Familie in anderer Weise zu sichern, etwa indem man ganz einfach niemand in die Wohnung einläßt, den man nicht kennt.

Der Erfolg oder Mißerfolg einer Entwurfslösung hängt davon ab, ob die Menschen, die hernach das Gebäude benutzen, tatsächlich die

Radburn, N. J., 1929 – ein ruhiges Wohn-
viertel, für die Mittelschichten geschaffen
und nach Vorstellungen der Mittelschichten
gestaltet

Wertvorstellungen des Architekten teilen, die sich in dem Entwurf
ausdrücken; das war in der Vergangenheit so, und das ist noch immer
so. Gelegentlich kann, wenn diese Voraussetzung erfüllt ist, einer
Entwurfslösung wirklich ein voller Erfolg beschieden sein. In den späten zwanziger Jahren schlug der amerikanische Architekt Clarence
Perry die »neighborhood unit« vor, die Nachbarschaftseinheit als
Grundkomponente, von der die Planung für vorwiegend von Angehö-
rigen der Mittelschicht bewohnte Gemeinden in den Vereinigten Staaten ausgehen sollte. Das Konzept sah einen Wohnbezirk von begrenztem Ausmaß vor, umschlossen von den an den Rand verlegten Haupt-
verkehrswegen und mit einer Freifläche im Zentrum, um die herum
sich die Bauten für die Gemeindeeinrichtungen samt der von allen
Kindern der Gemeinde besuchten Grundschule gruppierten. Dem
Fußgängerverkehr waren eigene Wege vorbehalten, der Kraftfahr-

zeugverkehr bewegte sich auf getrennt davon angelegten Straßen. Vor den Häusern erstreckten sich Grünstreifen mit Rasenflächen, Büschen und Bäumen, gesäumt von den öffentlichen Gehwegen, hinter den Häusern lag die Zufahrt für Kraftfahrzeuge, die direkt von den an die Peripherie verlegten Ringstraßen abzweigte. Somit fanden auch die Kinder genügend Platz zum Spielen, ohne daß sie von Kraftfahrzeugen behindert oder gefährdet wurden. Dieses Konzept bewährte sich, und sein Erfolg ist nicht zuletzt auf die Tatsache zurückzuführen, daß ihm Vorstellungen eben jener Mittelschicht zugrunde lagen, auf die es abzielte. Als man bei der Planung von Chandigarh in Indien – davon wird noch ausführlich die Rede sein – von dem gleichen Konzept ausging, erwies es sich als Fehlschlag.

## Das Bauhaus und sein Sozialprogramm

Das Bauhaus, 1919 von Walter Gropius gegründet, blieb bis zu seiner Auflösung im Juli 1933 ein Zentrum der künstlerisch-handwerklichen Ausbildung zur modernen Formgebung auf allen Gebieten. Es hatte im Laufe der Zeit ein systematisch durchgebildetes, in sich geschlossenes Konzept des »neuen Bauens« – der Begriff stammt von Gropius – hervorgebracht, das von der Planung über den Entwurf bis zur Bauausführung alles umfaßte. Die soziologischen Aspekte des modernen Wohnens, die an die neuzeitliche Wohnung zu stellenden Ansprüche waren in dieses Konzept mit einbezogen.

Das Bauhaus behauptete, die Feststellung der sozialen Bedürfnisse des modernen Menschen und die Erfüllung dieser Bedürfnisse durch sein Konzept beruhe auf einer wissenschaftlichen, von soziologischen Erkenntnissen bestimmten Grundlage. Das bedeutsamste, in Wahrheit freilich weder soziologisch noch wissenschaftlich zu begründende Ergebnis seiner Arbeit war die Festsetzung des »soziologischen Minimalbedarfs« pro Person. Doch soziale Wünsche, Ansprüche, Bedürfnisse lassen sich nicht quantifizieren, wie es das Postulat glauben machen wollte. Diese These vom »Minimalbedarf«, in der sich der nachhaltige Einfluß der Forderung nach »Wirtschaftlichkeit des Handelns« bemerkbar macht, war in Wirklichkeit der Wirtschaftstheorie entlehnt und fälschlich auf die Bedürfnisse des Menschen bezogen, ihr Feld war die Ideologie, nicht die Soziologie.

Gropius fand eine Reihe von Formulierungen, mit denen er eine soziologisch begründete Rechtfertigung seiner architektonischen Lösungen bezweckte. 1. Die Menschen haben keine natürliche Bindung an Grund und Boden. 2. Die Menschen irren, wenn sie größere Wohnungen wünschenswert finden. 3. Einfamilienhäuser sind zwar höchst begehrenswert, doch sie stellen keine praktische Alternative bei der Erfüllung der Bedürfnisse des modernen Wohnens dar. 4. Das Wohnen in Hochhäusern bietet soziale und kulturelle Vorteile, denn sie vervielfältigen die Möglichkeiten zu Begegnung, Kennenlernen und gesellschaftlichem Verkehr.

Es ist einige Zeit vergangen, seit Gropius seine Thesen aufstellte, und inzwischen hat sich erwiesen, daß nicht eine davon wirklich wahr ist. 1. Am Beispiel einer neu angelegten Stadt in Indien, die von den Europäern entworfen wurde (und von der das folgende Kapitel handelt), zeigt sich, daß Menschen, die bislang ein kleines Stück Land beim Haus oder wenigstens das Stück Straße vor der Haustür gewohnt waren, sich recht unbehaglich und eingezwängt fühlen können, wenn man ihnen dies nimmt. 2. Die Behauptung eines Architekten, daß Menschen, die eine größere Wohnung lieben, eben fehlgeleitet seien, stellt eine willkürliche Erhebung der eigenen Wertvorstellungen zur Allgemeingültigkeit dar. 3. Die Ausschaltung des Eigenheims als einer möglichen Alternative im Wohnungsbau kommt einer Ausschaltung der Anlage neuer Stadtrandsiedlungen als einer möglichen Lösung für städtische Wohnungsprobleme gleich. 4. Die Vervielfachung der Möglichkeiten zu menschlicher Begegnung führt nicht notwendigerweise zur Vervielfachung der menschlichen Begegnungen, die Anonymität, die Isolierung der Hochhausbewohner ist mittlerweile geradezu sprichwörtlich geworden.

Die letzte Schlußfolgerung, die Walter Gropius zog, war die Erkenntnis, daß jeder Erwachsene sein eigenes Zimmer haben müsse, und sei es noch so klein. Vergleichende Studien über die menschlichen Lebensgewohnheiten zeigen die unterschiedlichsten Vorstellungen vom Privatleben und von der persönlichen Sphäre, die von Kultur zu Kultur, von Nation zu Nation, von Region zu Region anders sein können. Der Deutsche etwa findet die Privatsphäre in den eigenen vier Wänden daheim, wenn er die Tür hinter sich zumachen kann und in Ruhe gelassen wird, doch die Menschen beispielsweise in Puerto Rico oder in Malaysia verstehen unter der Privatsphäre etwas ganz anderes, sie brauchen eine solche Abgeschiedenheit von der übrigen Welt nicht, würden sie zumindest als seltsam und fremdartig empfinden.

Der »soziologische Minimalbedarf«, den Walter Gropius glaubte eruiert zu haben, ist also bestenfalls die Verallgemeinerung einer spezifischen, für einen bestimmten Kulturkreis charakteristischen Lebensnorm.

## Das Gebot der Technologie und der »offene Grundriß«

Die Konstruktion aus Trägern und Platten in Stahl und Eisenbeton hatte den »offenen Grundriß« und die »fließenden Räume« möglich gemacht, da die raumabgrenzenden tragenden Partien in Fortfall kamen. Die trennenden Wände, ihrer Funktion in der Baukonstruktion entkleidet, spielten keine Rolle mehr, man konnte auf sie verzichten und den Verzicht sogleich zum Prinzip erheben – der »open plan« und die »flowing spaces« wurden bald zum vertrauten Kennzeichen der modernen Architektur. Dieser Wandel in der Baukonstruktion wurde von modernen Architekten wie etwa Walter Gropius als ein außerordentlicher Fortschritt angesehen. Was dabei aber stets unerwähnt und tatsächlich unbeachtet blieb, das waren die Auswirkungen des offenen Grundrisses auf das Leben der Bewohner des Hauses.

Ohne daß irgendwelche zwingenden Gründe dazu geführt hätten, bestimmten nun technologische, wirtschaftliche und ästhetische Kriterien eine neue Art der Lebens- und Verhaltensweise. Wenn die Wand zwischen Wohnzimmer und Eßzimmer entfällt, kann es recht ungemütlich werden. Für die Mittelschichten mag das noch angehen, denn hier teilen für gewöhnlich Mann und Frau das Familienleben wie den gesellschaftlichen Umgang. Anders bei Arbeitern, bei denen das Leben während des Tages und nach Feierabend, bei denen Geselligkeit und persönlicher Umgang vorwiegend von den unterschiedlichen Pflichten und Interessen der Männer und der Frauen bestimmt sind – die Frau, die sich mit der Nachbarin am Kaffeetisch über die Tagesereignisse unterhält, könnte sich leicht unbehaglich fühlen, wenn im gleichen Raum, nur in der anderen Ecke, ihr Mann ein Fußballspiel im Fernsehen verfolgt. Noch weniger annehmbar muß eine solche Lösung beispielsweise in orientalischen Ländern sein, denn hier gilt die Regel, daß der formelle Empfang von Gästen streng abgeschieden vom informellen Familienleben vor sich zu gehen hat.

In seiner extremsten Form, in den von Mies van der Rohe geschaf-

Stahlskelettbau während der Montage – das
Gebäude sollte »ehrlich« sein und seine
»wahre« Konstruktion zu erkennen geben:
so meinten viele Architekten, sie müßten
auf Raumteilung und Wände im Inneren
ganz verzichten, da die Wände ihre
einstige Funktion als tragende Elemente
verloren hatten

Lehnstuhl, gedrechselt, englisch, 17. (oder
spätes 16.?) Jahrhundert – eine einfache
Form der Drehbank wurde gegen Ende des
16. Jahrhunderts in Nürnberg verwendet,
das erste Buch über die Drehbank und das
Drechslerhandwerk erschien 1701 in
Frankreich: ein Lehnstuhl, der weniger
Wert auf Bequemlichkeit und Brauchbarkeit als auf Vielgestaltigkeit der
gedrechselten Formen legt, kann nur von
einem Mann geschaffen sein, der hingerissen
war von den Möglichkeiten seines neuen
mechanischen Werkzeugs

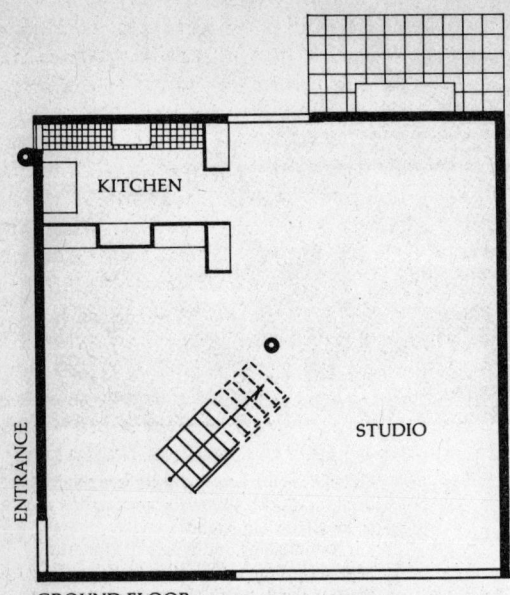

Projekt eines in Serien-
fertigung herzustellenden
Typenhauses für Kunst-
handwerker, Architekt
Le Corbusier, 1924,
Grundrisse des Erd-
geschosses und des
zweiten Obergeschosses
– ein frühes Beispiel für
das Konzept des offenen
Grundrisses (Um-
zeichnung)

KITCHEN

ENTRANCE

STUDIO

GROUND FLOOR

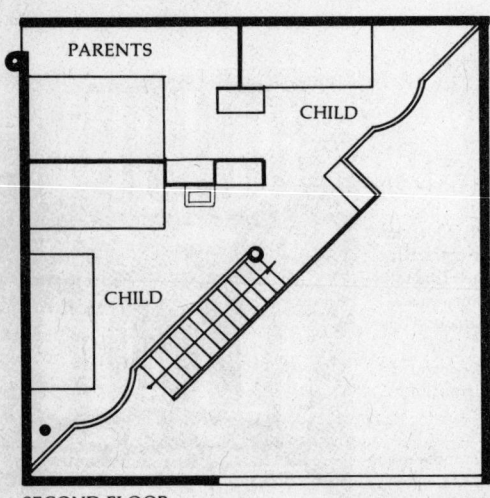

PARENTS

CHILD

CHILD

SECOND FLOOR

fenen Bauten, führte der offene Grundriß zur Beseitigung auch der letzten Reste eines privaten Bereichs, sieht man von den ausschließlich leiblichen Bedürfnissen dienenden Räumlichkeiten ab. Das Haus Farnsworth (1946–1950) in Fox River, Ill., das Mies für eine alleinstehende Ärztin und ihre Gäste entwarf, weist zwei Schlafbereiche mit je einem Doppelbett nebeneinander auf, ohne feste trennende Wand, nur durch Raumausstattung und Mobiliar abgegrenzt. Es läßt sich unschwer ausmalen, wie sich ein solches Arrangement auf den gewohnten Umgang aller auswirken muß, die sich hier zu Bett begeben. In Mies van der Rohes »50′x50′«-Bau (ca. 1,60 x 1,60 m) aus der gleichen Zeit, den Lake Shore Drive Apartments (1949–1951) in Chicago, Ill., haben die Wohnungen ebenfalls zwei nur andeutungsweise voneinander getrennte Schlafbereiche für die Eltern und die Kinder.

Die Auswirkungen jener technischen Neuerungen auf die menschlichen Beziehungen und das Familienleben wurden nicht bedacht, da der Architekt selbstverständlich voraussetzte, daß jedermann vom Geist der Moderne erfaßt war, der sich in seinem Konzept des offenen Grundrisses verkörperte. Die neuen Möglichkeiten der Technik wurden von den Architekten begeistert wahrgenommen und beflügelten ihre Entwürfe – etwas Neues war nun machbar geworden, und diese Tatsache allein schon ließ das Neue sogleich im idealen Licht erscheinen.

*Sozialer Wandel*

Die Ablehnung herkömmlicher Verhaltensweisen war in der Ablehnung herkömmlicher Architekturformen durch die Modernisten stets mit inbegriffen. Nun mag die Vergangenheit wohl für den Architekten tot sein, doch damit ist nicht gesagt, daß sie auch für alle anderen tot und gestorben ist. Man hat längst erkannt, daß Gruppen, Schichten, Nationen ihr Heim, ihre unmittelbare Umgebung, ihren weiteren Wohnbezirk und ihre ganze Stadt in der unterschiedlichsten Weise wahrnehmen, verstehen und benutzen. Wenn der Architekt alles Herkömmliche und Gewohnte verwirft, die kulturellen und sozialen Zusammenhänge als bedeutungslos oder überholt abtut, verkennt er jene Unterschiede und ist nicht in der Lage, die tatsächlich vorhandenen und gerechtfertigten Ansprüche zu erfüllen. Das Ergebnis ist dann bestenfalls eine wirtschaftlich verfehlte Planung und schlimmstenfalls die Ausbildung sozialer Mißverhältnisse, aus denen schließlich die Beschädigung und Zerstörung der Gebäude selbst hervorgehen kann.

Natürlich war ein Wandel eingetreten, doch in der übertriebenen Interpretation der Modernisten wurde daraus ein Phänomen, das der Wirklichkeit nicht entsprach. Die frühen Modernisten hatten geglaubt, daß die kulturellen und sozialen Unterschiede sich ständig verringerten und endlich verschwinden würden, und in dieser Überzeugung fanden sie dann die Gültigkeit ihrer Architekturtheorien bestätigt. Sie glaubten, daß die Industriegesellschaften der Welt schließlich zu einer einzigen einheitlichen, universellen Industriegesellschaft verschmelzen würden. Doch während das neunzehnte Jahrhundert – das wird allein schon am Wachstum der städtischen Bevölkerung deutlich – in der Tat große Veränderungen gebracht hatte, waren die gesellschaftlichen Verhältnisse und Bedingungen vielfach überraschend konstant geblieben. Das aber wurde von den Modernisten gemeinhin großzügig übersehen, es paßte nicht zu ihrer These, daß die Vergangenheit tot war, da sie für die Architektur keinerlei Bedeutung mehr hatte.

Wenn die modernen Architekten wesentlich kleinere Wohnungen für die Städter bauten, als es bis dahin üblich gewesen war, so begründeten sie dies vor allem damit, daß seit der Industrialisierung die Familie im Durchschnitt kleiner und in den Städten die Kleinfamilie zur Regel geworden war. Dies war in der Tat das wichtigste Argument, mit dem das Bauhaus sein Wohnungsbauprogramm verteidigte. Doch für zumindest eine Industrienation läßt sich das Gegenteil beweisen.

Der englische Historiker Peter Laslett hat in seinem 1965 erschienenen Buch über »Die Welt, die wir verloren haben«, in dem er das von ihm in Kirchenbüchern und anderen Aufzeichnungen gesammelte Material aus englischen Dörfern des siebzehnten Jahrhunderts ausbreitet und untersucht, die Feststellung getroffen, daß im vorindustriellen England die Großfamilie in Wirklichkeit die Ausnahme bildete. Wohl gab es etliche Haushalte, zu denen ein großer Personenkreis gehörte, und ein beträchtlicher Teil der Bevölkerung lebte in Großfamilien, doch die Durchschnittsfamilie war vergleichsweise klein. Laslett hat außerdem darauf hingewiesen, daß heutzutage in der Familienwohnung häufig auch Verwandte leben, und zwar in einem Umfang, wie es im vorindustriellen England niemals der Fall war. Wenn also das Bauhaus sein Konzept der städtischen Kompaktwohnung, das angeblich für jede moderne Industriegesellschaft gelten soll-

Im Iran haben die Dorfbewohner seit alters
nachts vor ihren Häusern im Freien
geschlafen, und viele der Bewohner in den
modernen Stadtteilen von Teheran halten
noch heute an dieser Gewohnheit fest,
selbst wenn die Wohnungen mit Klimaanlagen ausgestattet sind

te, auf die These von der »schrumpfenden Familie« stützte, so erweist sich nun, daß wenigstens für das eine Land, für das es statistische Vergleichsmöglichkeiten gibt, die Grundvoraussetzung nicht gegeben war.

Edward T. Hall und andere Fachleute, die sich mit Fragen der Wahrnehmung des Raumes in den verschiedenen Kulturkreisen beschäftigen, haben nachgewiesen, daß sich selbst in der industrialisierten Gesellschaft noch Unterschiede zwischen den Kulturen halten, und dies selbst in anscheinend so universell gleichartigen Vorstellungen wie denen vom Familien- und Privatleben. Die Iraner, soweit sie Dorfbewohner sind, waren es seit alters gewohnt, zur Sommerszeit in den kühlen Nächten draußen vor dem Haus zu schlafen. Und heutzutage schlafen im nach westlichem Muster ausgebauten Teheran die Nachfahren und Verwandten der Dorfbewohner noch immer im Freien, auf dem Balkon, selbst wenn ihre Wohnungen vollklimatisiert sind.

Die Modernisten zogen eine künstliche Trennungslinie zwischen allem Vergangenen und der Gegenwart, sie wollten nicht wahrhaben, daß die Überlieferung, die traditionelle Form wie die traditionelle Verhaltensweise, ein richtungweisender und ausgleichender Faktor in den menschlichen Beziehungen sein kann, zumal in Zeiten des Wandels. Die Architekten und die Schöpfer der neuen Formgebung waren nicht daran interessiert, was sich gewandelt hatte, und sie fragten auch nicht nach dem relativen Wert des Wandels gegenüber der Stabilität. Sie waren alle fest entschlossen, an das Heraufkommen einer großen neuen Epoche zu glauben. Es war eine Periode des Optimismus, die da nach dem Ende des Ersten Weltkriegs anbrach – die Periode des Kommunismus, der Freikörperkultur und des Krieges, der allen Kriegen ein Ende setzen würde.

*Der neue Humanismus*

In den frühen fünfziger Jahren setzte eine Gegenbewegung ein, die sich kritisch mit den Unzulänglichkeiten des Sozialprogramms aus der Frühzeit der modernen Bewegung auseinandersetzte. Die frühen Modernisten hatten nach Lösungen gesucht, wie die Ansprüche der Menschen durch die Architektur besser zu befriedigen seien, doch sie hatten sich dabei stärker auf die eher quantifizierbaren natürlichen Bedürfnisse konzentriert als auf die weniger deutlich zu erfassenden Ansprüche, die sich aus Lebensformen und Verhaltensweisen ergeben. Die Architekten entwickelten Formeln, mit deren Hilfe die erforderlichen Abstände zwischen Gebäuden zu bestimmen waren, um jedem einzelnen Haus in genügendem Maß Sonnenschein und frische Luft zu sichern, und gleichzeitig suchte man auf dem Weg über Körperstudien die besten Gestaltungsmöglichkeiten für alle Gegenstände des täglichen Bedarfs zu finden. Niemals aber wurde untersucht, worin sich soziale Schichten oder einzelne Kulturen in Vorstellungen, Gewohnheiten und Verhaltensweisen unterscheiden, niemals wurden solche Unterschiede erkannt und berücksichtigt. Der menschliche Faktor war in der architektonischen Gleichung ganz einfach unterschlagen worden.

Die Nachkriegsgeneration achtete zwar die Leistungen, die ihre Vorgänger mit der radikalen Ausmerzung der historischen Stile und mit der revolutionären Technisierung der Architektur vollbracht hatten, doch sie verkannte auch nicht die Uniformität und Anonymität des frühen Modernismus, sah diese als Charakterzüge an, die ihm die Ablehnung durch die breiten Massen eingetragen hatten. Alison und Peter Smithson, die in den frühen fünfziger Jahren in England die Brutalismus-Bewegung gründeten, sprachen für die jüngere Generation der Architekten, wenn sie erklärten[24], der Erfolg der modernen Architektur bedeute an sich schon, daß man sich heutzutage »unmenschlichen Bedingungen von subtilerem Wesen als in den Slums gegenübersieht«. Die frühen Modernisten hatten den Fehler begangen, daß sie ein einziges Programm im wesentlichen unverändert für alle Menschen in allen Situationen anwandten; die technische Frage war bei der Festlegung architektonischer und städtebaulicher Lösungen wichtiger gewesen als die soziale.

Das besondere Interesse der Architekten verlagerte sich, es galt jetzt nicht mehr zuvörderst den technischen Aspekten der Architektur und des Städtebaus, sondern richtete sich nun eher auf die unmittelbare Erfüllung der Ansprüche der Menschen. Eine der ersten Schlußfolgerungen, die diese Wiederentdeckung sozialer Wertvorstellungen den Architekten bescherte, war die Erkenntnis, daß die Beziehungen zwischen dem Menschen und seiner Umwelt wiederherzustellen seien. Das 1954 gegründete Team 10, eine lose organisierte Gruppe von in Europa tätigen Architekten, war der einflußreiche Förderer dieser neuen Tendenz. Die Mitglieder des Team 10 sprachen davon, daß die frühe moderne Bewegung das menschliche Element in der Architektur nur unzureichend berücksichtigt hätte.

Die Beziehungen zwischen dem Menschen und seiner Umwelt wiederherzustellen bedeutete, daß sich die Sozialstruktur und das gesellschaftliche Leben der Gemeinde in ihrer äußeren Gestalt widerspiegele. Anstelle verallgemeinerter, aus technischen und mechanischen Notwendigkeiten abgeleiteter Lösungen sollte für jede soziale Organisationsform – das Haus, die Straße, den Stadtbezirk oder die Stadt – die eigene, besondere Lösung gefunden werden, geprägt eben von der eigenen und besonderen Art des sozialen Aufbaus und des Zusammenlebens. Es gibt keine Gründe, führten die Smithsons aus[25], warum »zum Beispiel Einfamilienhäuser, nur weil sie einer geringeren Bevölkerungsdichte entsprechen, vom Stadtkern fernzuhalten sind, noch gibt es einen Anlaß zu der üblichen Meinung, daß die Bebauung im Stadtrandgebiet auf eine geringe Bevölkerungsdichte abzustellen sei. Es hängt von der Lebensweise der Menschen ab, die dort wohnen, welche Art von Bebauung erforderlich ist und welcher Grad von Dichte entsteht.«

Die Smithsons, die ebenfalls dem Team 10 angehörten, formulierten am eindeutigsten diesen Gedanken vom »Ausdruck« oder von der »Widerspiegelung« der Sozialstruktur in der tatsächlichen Umwelt. Sie glaubten, und dabei hielten sie in Wahrheit an der alten antihistorischen Einstellung fest, daß die auszudrückenden Formen jene »neuen« sozialen Formen seien, wie sie die bewegenden Kräfte der modernen Zeit hervorgebracht hatten, und daß die historischen Formen der Bebauung, die herkömmliche Stadtlandschaft mit Straßen, Plätzen, Grünanlagen aufgegeben werden sollten, da sie der gewandelten sozialen Wirklichkeit nicht mehr entsprachen. Der Architekt hatte nun die rechten modernen Symbole zu finden, die eine neue soziale Wirklichkeit verkörpern würden. Ein bezeichnendes Beispiel bietet der Wettbewerbsbeitrag, den Alison und Peter Smithson 1952 für das Golden Lane Housing Project vorlegten. Beobachtungen hatten ihnen gezeigt, daß das soziale Leben auf den Straßen »komplex und sich überschneidend« sei, und sie wählten darum eine neue architektonische Form, die ihrer Vorstellung nach diese komplexen Verhältnisse widerspiegelte, ohne die alte Form der Straße zu wiederholen: eine Anzahl von »Straßen im Himmel« oder Straßendecks, die vor jedem zweiten Stockwerk an der Flucht des Wohnblocks entlanggeführt waren, weit genug, daß sich darauf Gruppen von Menschen aufhalten konnten, ohne den Durchgang zu versperren. Dieses Arrangement entsprach, wie sie annahmen[26], »eher den Verflechtungen der sozialen Beziehungen, wie sie heutzutage bestehen, als die althergebrachten geschlossenen Muster von fest umgrenzten Räumen und in sich selbst beschlossenen Gebäuden«.

Eine genauere Vorstellung vom Erfolg eines derartigen Symbolismus ist schwer zu gewinnen. Immerhin hat die englische Stadt Sheffield 1961 ein Wohnungsbauprojekt fertiggestellt, einen in der Höhe von drei bis zu vierzehn Stockwerken wechselnden Komplex, an dem in den Grundzügen das gleiche System der Straßendecks angewandt wurde, wie es die Smithsons in ihrem Wettbewerbsbeitrag für Golden Lane vorgesehen hatten. Der Weg zu den Wohnungen führte über außen vorgelegte Korridore, die vor jedem dritten Stockwerk im Zickzack die volle Länge der Front entlanggeführt waren, mit rund 3,70 Metern weit genug, daß auch bei größeren Menschenansammlungen der Durchgang noch nicht versperrt wurde. Selbst ein Verkehr, wie ihn herkömmlicherweise nur die Straße erlaubt, war in begrenztem Umfang möglich, etwa die Anlieferung der Milch mit kleinen Fahrzeugen. Die Straßendecks schienen die ideale Verschmelzung neuer architektonischer Formen mit herkömmlichen Lebensgewohnheiten zu sein. Etwa sechs Jahre nachdem die ersten Bewohner eingezogen waren, ging ein Sozialarbeiter, selbst Bewohner von Park Hill, daran, in einer Umfrage bei einem zufällig ausgewählten Fünftel der Bewohner deren Meinung zu erforschen. Das 1967 in der Zeitschrift *Architectural Review* veröffentlichte Umfrageergebnis zeigte, daß die Korridore oder Straßendecks als Zugangswege durchaus positiv bewertet wurden. Ein Drittel der Befragten schätzten es, daß die Korridore »trocken« oder »überdacht« waren, und etwa zehn Prozent der Befragten schätzten es, daß sie die volle Länge des Komplexes entlanggehen konnten, ohne einmal hinunter- und dann wieder hinaufsteigen zu müssen. Doch als ein Ort nachbarlicher Begegnung und geselligen Beisammenseins scheinen die Straßendecks wenig Wirkung gehabt zu haben, im Vergleich zu den Straßen, die sie doch hatten ersetzen sollen. Nur vier Prozent der Befragten »erinnerten sich daran«, daß man auf den Korridoren auch beieinanderstehen und sich mit Freunden unterhalten könne.

Es ist gewiß eine gute Sache, wenn man anerkennt, daß die sozialen Beziehungen innerhalb einer Gemeinde komplex und sich überlagernd sind, und eben nicht einfach und geradezu, doch damit ist noch nicht bewiesen, daß ein unmittelbarer Zusammenhang besteht zwi-

Taiz, Jemen, Offiziers-
kasino, Aufenthaltsraum,
1971 – neben dem
Aufenthaltsraum liegen
die Toiletten, doch diese
sind nicht mit einer Tür
verschlossen, sondern
durch einen offenen
Durchgang mit dem
Aufenthaltsraum ver-
bunden: kein Mann
nimmt daran Anstoß,
und Frauen haben
keinen Zutritt zum
Kasino

schen komplexer architektonischer Geometrie und der Komplexität
des sozialen Verhaltens. Das Alltagsleben in einer nach dem schlichte-
sten Schachbrettmuster angelegten Stadt beweist zur Genüge, daß soziale und physische Komplexität voneinander unabhängig sind.

Einmal angenommen, daß Verhaltensweisen wirklich in der Umgebung des Menschen »ausgedrückt« oder »widergespiegelt« werden
könnten, so müßten die das Verhalten »widerspiegelnden« Formen

unmittelbar verständlich sein, um zum gewünschten Erfolg zu führen. Es gibt Lebenserfahrungen, die sich in leichtverständlicher Form ausdrücken lassen, so das Gefühl einer Bewegung, das jedermann vertraut ist. Man erkennt den symbolhaften Ausdruck der Bewegung in Umberto Boccionis »Einmalige Formen der Kontinuität im Raum« genannter Bronzestatuette, da man von der eigenen Erfahrung ausgeht. Die Anwinkelung der Glieder, das Vorstoßen des Rumpfes, das Ausschwingen der Zipfel selbst erinnern an vom Wind zerzaustes Haar oder vom Wind aufgeblähte Gewänder. Dank dieser Gedankenverbindungen versteht man die Statuette als Symbol der Bewegung.

Das richtige Verständnis menschlicher Verhaltensweisen setzt voraus, daß der Beobachter die Erfahrungen der Menschen teilt, sei es, daß er die gleichen Situationen erlebt hat oder sei es, daß er sein Wissen durch sorgfältiges Studium und exakte Analyse erworben hat. Wenn bei verschiedenen Menschen nicht die gleichen Gedankenverbindungen entstehen, kann sich daraus häufig eine fehlerhafte Wahrnehmung und Interpretation ergeben. Die ersten Lokomotiven bewegten sich mit weitaus größerer Geschwindigkeit, als es die Menschen damals gewohnt waren, es fehlten ihnen vergleichbare Erfahrungen, aus denen heraus sie solche Geschwindigkeiten hätten begreifen können. So hatten manche Menschen, wenn eine Lokomotive aus der Entfernung auf sie zukam, nicht das Gefühl, daß es sich um ein bewegliches und ständig näher kommendes Objekt handelte – sie empfanden es vielmehr als ein feststehendes und ständig größer werdendes Objekt. In einem Fall, während der feierlichen Eröffnung der Eisenbahnlinie Liverpool-Manchester im Jahr 1830, kostete diese fehlerhafte Wahrnehmung und Interpretation einen allzu neugierigen Zuschauer das Leben.

Soll der physische Ausdruck sozialer Verhaltensweisen vom Urheber wie vom Beobachter und Benutzer gleichermaßen verstanden werden, so müssen sie sich bis zu einem gewissen Maß auf gemeinsamem Grund bewegen. Sobald der Benutzer eines Gebäudes einer anderen Bevölkerungsschicht, einem anderen Kulturkreis, einer anderen Zivilisationsstufe angehört, ergeben sich Probleme, denn häufig sind dann weniger Gemeinsamkeiten in den Erfahrungen menschlicher Verhaltensweisen vorhanden. Wenn der Architekt nicht wahrhaben will, wie die Menschen tatsächlich leben, und statt dessen seine eigenen Vorstellungen durchsetzt, so bedeutet das mit Sicherheit, daß es eben an gemeinsamem Grund fehlt.

Allmählich beginnt sich die Forderung durchzusetzen, daß der entwerfende Architekt sich mit den Lebensumständen und Gewohnheiten des Benutzers vertraut machen muß. So mag beispielsweise eine Straße, die von der Wohnung aus nicht einzusehen ist, bei Familien mit geringerem Einkommen einen annehmbaren Spielraum für die Kinder darstellen, da die Eltern nichts einzuwenden haben, wenn ihre Kinder nebenbei von älteren Kindern oder anderen Erwachsenen beaufsichtigt werden. Anders verhalten sich Familien mit mittlerem Einkommen. Hier sind die Eltern darauf bedacht, selbst auf ihre Kinder zu achten, und diese Eltern würden wahrscheinlich die nicht einzusehende Straße als zu gefährliche Umgebung ablehnen. Gewohnte Verhaltensweisen lassen jeder Gruppe die nicht einzusehende Straße in einem anderen Licht erscheinen, und jede Gruppe wird sich daher gegenüber dieser Straße anders verhalten, wird sie anders nutzen. Wenn diese Unterschiede dem Architekten nicht bewußt sind, hat sein ursprünglicher Entwurf vielleicht nicht mehr viel zu tun mit der Art und Weise, in der die zukünftigen Bewohner sein Gebäude benutzen.

Erfolg oder Mißerfolg in der Anpassung des Entwurfs an Verhaltensweisen hängt von zwei Faktoren ab – einmal vom Genauigkeitsgrad der Information über spezifische Verhaltensweisen und zum anderen vom Gespür des Architekten, das ihn bei der Umsetzung dieser gezielten Information in gestaltete Form leitet. Beispielsweise sei einmal angenommen, daß Beobachtungen zur Feststellung folgender Voraussetzungen geführt haben:

1. Zwischen Nachbarn, die im gleichen Haus wohnen, gibt es häufige Begegnungen.

2. Die Menschen verlassen sich weitgehend auf ihre Nachbarn, wenn sie Hilfe in Augenblicken der Bedrängnis oder Zuspruch in Zeiten der Anspannung brauchen.

3. Alle Menschen, die in der Gemeinde leben, erachten die Vorstellung vom »gutnachbarlichen Zusammenleben« als ein hochgeschätztes Gemeingut.

Diese gegebenen Voraussetzungen erlauben es, bestimmte Entwurfslösungen vorzuschlagen. So sollte man die Wohnungseingänge möglichst nahe beieinander anordnen, um damit der nachbarschaftlichen Gemeinsamkeit entgegenzukommen. Die Begegnungen zwischen den Nachbarn würden zweifellos nicht abreißen, wenn die Wohnungstüren an den entgegengesetzten Enden des Flurs angeordnet wären, doch ergäben sich daraus unnötige Wege und Erschwernisse.

Als wichtigster Punkt ist festzuhalten, daß verallgemeinerte Vorstellungen vom Sozialverhalten nutzlos sind. Sie sind so verschwom-

Die größeren Kinder der Farbigen müssen sich, ob nun aus Gewohnheit oder aus Notwendigkeit, um ihre jüngeren Geschwister kümmern

Die kleineren Kinder aus Familien der Mittelschichten sind selten allein unterwegs, ihre Mütter kümmern sich um sie, begleiten sie auf der Straße und gehen mit ihnen zum Spielplatz

107

Die Veranda vor der Haustür: im Wohnbezirk der Mittelschichten stehen symbolisch Gartenmöbel in Gußeisen auf der Veranda, die Familie hält sich auf der Terrasse oder im Garten an der Rückseite des Hauses auf – im Wohnbezirk der Arbeiter stehen handfeste Sitzmöbel auf der Veranda, hier läßt man sich zum Plaudern oder zu einer Verschnaufpause vor der Haustür nieder

men, daß der Architekt, vertraut er ihnen in seinen Entwurfsentscheidungen, niemals sicher sein kann, ob er damit positiv, negativ oder gar nicht auf das Verhalten einwirken wird.

Alison und Peter Smithson hatten erkannt, daß das Sozialverhalten der Städter komplex war, und suchten die von ihnen beobachteten Verhaltensmuster zu fördern, indem sie parallel zur komplexen Sozialstruktur eine komplexe Baustruktur entwarfen. Sie hatten sich selbst an der Nase herumgeführt, indem sie eine einmal gemachte Beobachtung verallgemeinerten. Daraus resultierten manche Nebenwirkungen. Während das komplexe Verhalten, von dem sie sprachen, nur bei einer entsprechenden Enge des Raums und Dichte der Begegnungen entstehen kann, hatten sie die Menschen und ihre Bewegungen über einen weiten Raum verteilt und damit die Häufigkeit der Begegnungen reduziert. Die Bewohner von Park Hill in Sheffield reagierten offenbar prompt, indem sie die weiten Korridore nicht zum Zusammensein und zur Unterhaltung mit Freunden nutzten. Die Beobachtung war in der Verallgemeinerung ungeeignet, irgendwelche besonderen Erfordernisse erkennen zu lassen. Da nun aber keine besonderen Anforderungen an den Entwurf gestellt wurden, konnten sich die Architekten mit der formalen Interpretation einer »komplexen Sozialstruktur« auf eine poetische Formel zurückziehen.

Genauere und detailliertere Information könnte zu brauchbareren Lösungen geführt haben. Hätten die Architekten zum Beispiel herausgefunden, daß der Waschautomatensalon oder der Fleischerladen eine wichtige Stätte sozialer Begegnung und sozialen Austauschs sind, oder daß alle Neuigkeiten aus dem Gemeindeleben ganz zwanglos auf dem Weg über die Weinstube verbreitet werden, so wären sie in der Lage gewesen, durch sorgfältige Planung diese Einrichtungen am jeweils geeignetsten Platz anzuordnen und so den sozialen Austausch zu fördern.

Als weiteres Beispiel läßt sich die Annahme anführen, daß der Herd als das Zentrum des häuslichen Lebens eine allen Kulturen gemeinsame Selbstverständlichkeit ist und darum, wird dies in den Entwurfsentscheidungen gebührend berücksichtigt, von vornherein die Gewähr für deren Richtigkeit besteht. Auch dies ist eine Information aus dem Sozialbereich, die in der Verallgemeinerung nicht mehr stimmt.

Es mag wohl zutreffen, daß alle Wohnungen einen Herd haben oder ein Zentrum des Familienlebens, aber das besagt noch nichts über die notwendigen Beziehungen zwischen dem Herd und anderen Teilen des Hauses, die von Gruppe zu Gruppe ganz unterschiedlich sein können. Nur wenn der Architekt spezifische Information darüber hat, in welcher Weise jene Beziehungen mit Lebensweise und Gewohnheiten der betreffenden Gruppe verbunden sind, ist ihm die allgemeine Information von Nutzen, daß der Herd ein besonderer Platz im Haus und in der Wohnung ist.

Bei den vorbereitenden Studien zu Wohnungserneuerungen im puertoricanischen Teil von Harlem stellte das Büro Brolin/Zeisel fest, daß dort die Küche das Zentrum des Familienlebens war – eine interessante Information, die aber noch nicht ausreichte, um die Anord-

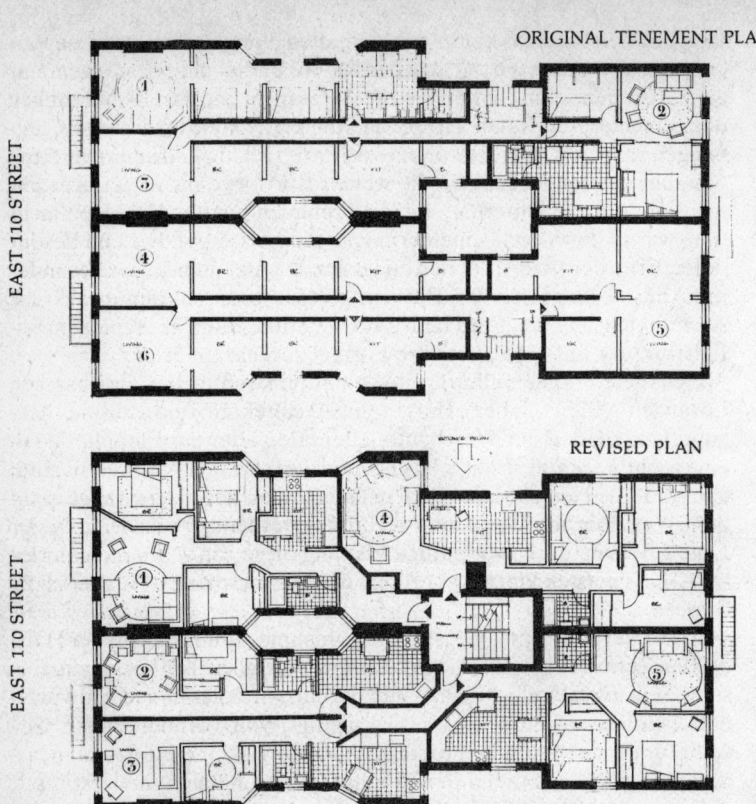

EAST 110 STREET

REVISED PLAN

EAST 110 STREET

New York, N. Y., Harlem, Mietwohnhaus im Puertorikanerviertel, Grundrißaufnahme vor der Sanierung und Grundrißentwurf für die Sanierung. Der Sanierungsvorschlag stützte sich auf Beobachtungen im Haus und Gespräche mit den Mietern.

1. Die Frauen verbringen den größten Teil des Tages in der Küche. Sie wollen ihre Kinder ständig unter Aufsicht halten und das Kommen und Gehen an der Wohnungstür verfolgen können. Die Eingangstüren, die direkt vom Hausflur in den Wohnraum führen, werden nie benutzt, einmal, weil sonst vielleicht die Kinder entwischen könnten, und zum anderen, weil der Wohnraum nur zu besonderen Anlässen betreten und benutzt wird. Erforderlich ist also eine Wohnungstür, die nicht in den Wohnraum führt und von der Küche aus zu sehen ist. Eine Küche, die wie ein Kontrollpunkt alle Vorgänge an der Wohnungstür und in der Wohnung zu überwachen erlaubt.

2. Auch Ehepaare verbringen die Abende gern getrennt, die Frauen wie die Männer möchten lieber unter sich sein. Erforderlich sind also zwei Einzelräume, in denen sich kleinere Gruppen bequem aufhalten können und die möglichst wenig Verbindung miteinander haben.

110

nung der Küche im Wohnungsgrundriß festzulegen. Eine andere Beobachtung war da eher von Nutzen: Die Hausfrau, die einen guten Teil des Tages in der Küche verbringt, muß das Kommen und Gehen an der Wohnungstür überwachen können. Eine spezifische Information, aus der sich eine spezifische Schlußfolgerung für den Grundrißentwurf ableiten ließ: Von der Küche aus muß man den Wohnungseingang sehen können. Dies ließe sich mit Hilfe der Elektronik bewerkstelligen, doch dieser Ausweg verbot sich aus Kostengründen von selbst. Die Küche mußte also nahe beim Eingang angeordnet werden. Es bedurfte noch zusätzlicher Information – ob die Schlafbereiche abgeschlossene Räume sein sollten, ob Besuchern oder Fremden an der Wohnungstür der Blick in den Wohnbereich erlaubt sein sollte, ob die für das Essen und für die Geselligkeit vorgesehenen Bereiche voneinander getrennt sein sollten –, um den Architekten in die Lage zu versetzen, die Anordnung der Küche im Grundriß noch präziser zu bestimmen.

Obwohl nicht alle Verhaltensmuster im Entwurf berücksichtigt werden können oder sollen, muß der Architekt diese Verhaltensmuster kennen, so daß er mit seinem Entwurf nicht gegen sie verstößt. In vielen Arbeiterfamilien ist die Führung des Haushalts eher Sache der Frau als Sache des Mannes. Die Frau kümmert sich um die Kinder, sie kocht, macht sauber, geht einkaufen, sie sucht sogar, falls nötig, eine neue Wohnung. Doch wollte man versuchen, dies symbolisch in der Gestaltung der Wohnung oder des Hauses auszudrücken, etwa durch die Unterordnung aller anderen Bereiche unter die Küche, so würde man damit wider eine andere unabdingbare Voraussetzung verstoßen, die Wahrung der Würde des Mannes, der das Geld verdient und nominell das Familienoberhaupt ist.

*Körperliche Nähe läßt Beziehungen entstehen*

Der Versuch, die Möglichkeiten zu menschlicher Begegnung durch die Schaffung einer Vielzahl möglicher Treffpunkte zu vermehren – wie es Alison und Peter Smithson mit ihren »Straßen im Himmel« planten –, ist eine Variante der geläufigen Vorstellung, daß körperliche Nähe Beziehungen entstehen läßt. Dahinter steht der Gedanke, daß, je mehr Gelegenheiten zur Begegnung geboten sind, um so mehr tatsächliche Begegnungen stattfinden werden. Zumindest ein Gebäude scheint dieser Theorie zu widersprechen und die alte Weisheit zu bestätigen, daß gute Zäune gute Nachbarn schaffen: das Art and Architecture Building der Yale University, das Paul Rudolph 1963 entwarf und in dem die Abteilungen Architektur, Städtebau und Bildende Kunst untergebracht sind.

Die Unterbringung der drei Abteilungen in einem gemeinsamen Gebäude sollte der Förderung der Kommunikation zwischen den einzelnen Fakultäten und den Studierenden der verschiedenen Fächer dienen. Am Haupteingang und auf jedem Stockwerk gibt es große Vorhallen vor den Aufzügen und weite Korridore, die zum geruhsamen Aufenthalt einladen sollten, und außerdem wurde im Penthouse über dem obersten Geschoß ein Kaffeehaus eingerichtet, in dem sich alle Abteilungen gern einfanden. Doch für den Studenten der Architektur, der sein Studium schon vor der Errichtung des Art and Architecture Building begonnen hatte und nun im neuen Gebäude arbeitete, war die interdisziplinäre Kommunikation, während sich die verschiedenen Disziplinen Tür an Tür fanden, nicht lebhafter geworden.

Hier und da verminderte die Nähe sogar die Möglichkeiten einer entstehenden Kommunikation. So geschah es im Fall der Malerateliers, die im obersten Geschoß eingerichtet waren. Der einzige Zugang zum Kaffeehaus auf dem Dach führte durch die Aufzugsvorhalle dieses Geschosses, in der außerdem die Getränke- und Imbißautomaten standen. Es herrschte also reger Verkehr auf diesem Geschoß, und es konnte gar nicht ausbleiben, daß immer wieder Neugierige in den Bezirk der Malerklausen gleich hinter der Halle eindrangen. Gut für die Kommunikation, sollte man denken, doch es dauerte nicht lange, und die Maler hatten provisorische Barrikaden errichtet, hinter denen sie sich verschanzten, bis man schließlich ihren Forderungen nachgab und eine feste, verschließbare Tür anbrachte – Abgeschiedenheit und Ruhe waren damit gewährleistet.

Das Kaffeehaus wurde zum Studienobjekt für die »gebrauchsorientierten« Architekturstudenten. Es war eine bequeme Einrichtung, wies einen regen Verkehr auf und schien der gegebene Ort, an dem sich Leute treffen können. Aus meinen eigenen Beobachtungen aber kann ich nur schließen, daß man weniger dorthin ging, um neue Leute kennenzulernen, als vielmehr, um sich mit Freunden und Bekannten zu treffen. Neue Bekanntschaften zwischen den Studenten schienen eher durch eine zufällige Nachbarschaft – man hat den gleichen Kursus belegt, man braucht jemanden, mit dem man die Bude teilen kann – zu entstehen als durch eine zufällige Begegnung im Kaffeehaus.

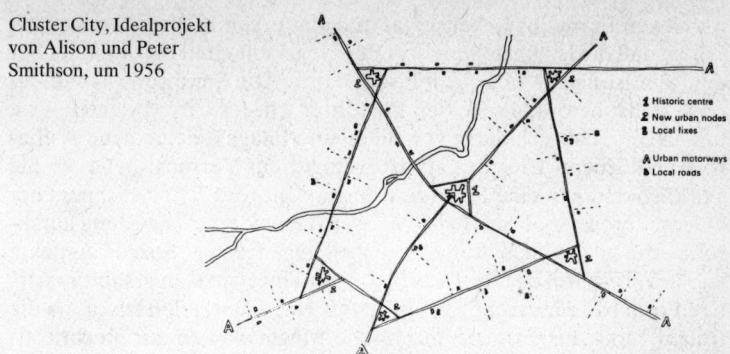

Cluster City, Idealprojekt
von Alison und Peter
Smithson, um 1956

1 Historic centre
2 New urban nodes
3 Local fixes

A Urban motorways
b Local roads

*Neue Formen als Widerspiegelung »neuen« Sozialverhaltens*

Die Modernisten der zweiten Generation, und unter ihnen besonders
die Mitglieder des Team 10, rebellierten zwar wider die von den Architekten der ersten Generation aufgestellten Sozialprogramme, doch
sie hielten an der Vorstellung fest, daß die Architektur der Gegenwart
völlig neue Formen brauche, in denen sich der neue, moderne Lebensstil ausdrücke. Alison und Peter Smithson verließen sich auf die äußerliche Mobilität des modernen Lebens, aus der diese »neuen« äußerli-
chen Formen entstehen sollten.

Die Arbeiter, so argumentierten sie, wohnten zum größten Teil
nicht mehr dort, wo sie arbeiteten, sie pendelten zwischen den außerhalb gelegenen Wohngebieten und den Industrie- oder Verwaltungs-
zentren. In ihrer »Cluster City« – etwa »Bündelstadt«, das Wort läßt
aber auch den astronomischen Begriff der Sternhaufen anklingen –
ordneten sie Wohn-, Büro-, Fabrik- und Repräsentativbezirke in getrennten Bündeln an, die durch Stadtautobahnen und Straßen für den
Ortsverkehr miteinander verbunden waren. In ihren Augen entstand
damit ein neues äußerliches Bild der Stadt, ein »Image«, in dem sich
die neue soziale Wirklichkeit widerspiegelte. Die Schlafstadt freilich
hat es schon seit sechzig oder siebzig Jahren gegeben. Das Neuartige
an Cluster City war also mehr die Erfindung einer neuen, vereinfachten graphischen Form für bereits Vorhandenes als die Gestaltung ei-

113

ner neuen Form des Lebens. Hat man das erkannt, so wird man auch sehen, daß die Einbeziehung sozialer Gegebenheiten hier weniger bedeutsam ist als die neue graphische Form. Die Smithsons haben das noch selbst betont, als sie den Plan ihrer Cluster City vorlegten – sie erklärten[27], daß sich darin vor allem ein »Image«, »eine neue Ästhetik« verkörpere. Cluster City ist weniger ein Versuch, neue soziale Wirklichkeiten in eine Form zu bringen, Cluster City bezeichnet eher eine weitere Etappe auf dem Weg, den die moderne Bewegung auf ihrer Suche nach einem Abbild der Zeit gegangen ist. Soziale Aspekte werden als Mittel der Rechtfertigung für eine, wie man glaubt, neuartige Form bemüht, nicht viel anders als eine Generation zuvor, da die frühen Modernisten neue technische Möglichkeiten zur Rechtfertigung ihrer neuen Formen ins Feld führten.

*Neue Formen und beharrliche Verhaltensweisen*

Im Jahr 1947 gründete Le Corbusier das Atelier de bâtisseurs (ATBAT). Im Jahr 1955 schufen drei Mitarbeiter des ATBAT – Vladimir Bodiansky, Georges Candilis und Shadrach Woods – die Pläne zu einem Wohnungsbauprogramm für Marokko. Mit besonderer Sorgfalt berücksichtigten sie einen Aspekt des traditionellen Familienlebens in diesem islamischen Land: Der Patio, der Binnenhof des Hauses, ist der abgeschirmte private Raum, der Ort, an dem sich die Familie versammelt, er hat daher den höchsten Rang. Die beiden aus Rußland stammenden Franzosen und der Amerikaner griffen das Konzept des traditionellen Binnenhofs auf und statteten jede Wohnung mit einem kleinen Vorhof aus, der wenigstens noch die Abgeschlossenheit gegen die Außenwelt mit dem alten Patio gemeinsam hatte. Das ganze Haus sonst war selbstverständlich ein moderner Bau. Mit der Einbeziehung dieses traditionellen Elements bewiesen die Architekten Sinn für die Lebensweise der Menschen, die in dem Haus wohnen sollten, es war eine deutliche Abkehr von der Auffassung, daß jedermann den Wertvorstellungen des Architekten zu folgen habe. Somit bildet dieses Haus eine Ausnahme, es hebt sich heraus aus der Masse dessen, was überall gebaut worden war, doch zu fragen ist, warum es der neuen Form bedarf, wenn doch die alten Traditionen unverändert fortbestehen.

Das ATBAT-Haus stellt sich als ein freistehender Bau inmitten einer weiten offenen Fläche dar. Knappheit an Bauland dürfte also kaum der Grund gewesen sein, warum man hier die Wohnungen übereinandersetzen und mehrgeschossig bauen mußte. Die Antwort ist wohl weniger in den äußeren Umständen als vielmehr in der besonderen Veranlagung der Architekten zu suchen, die sich gezwungen fühlen, mit visuellen Traditionen zu brechen, einerlei, ob wirklich ein praktischer Grund dafür besteht oder nicht. Der Entwurf des Hauses erkennt die Bedeutung einer gesellschaftlichen Tradition an, doch mit der modernen Hochbauweise und der Verteilung der Wohnungen auf mehrere Ebenen leugnet er die Bedeutung visueller Traditionen. Darin tut sich eine geradezu schizophrene Unterscheidung zwischen hie sozialen, da visuellen Erfordernissen kund, die typisch ist für jene jüngste Generation der Architekten, die eine »Humanisierung« der modernen Architektur auf ihre Fahnen geschrieben haben. Tatsächlich bezeichneten die drei Architekten ein Wohnungsbauprojekt im traditionellen marokkanischen Stil, das die Regierung zur gleichen Zeit ausführen ließ, als »wohl überhaupt keine Lösung, kulturell gesprochen[28]«. Mit diesem verbalen Kraftakt wird die alte ungebrochene Kultur des Landes, wie sie sich in der traditionellen Gestalt des marokkanischen Hauses manifestiert, in Bausch und Bogen verurteilt zugunsten der internationalen Formensprache der modernen Architektur. Die modernen Architekten sind unerschütterlich in ihrem Glauben an das moderne Zeitalter, er ist so stark, daß ihnen die Modernität des Wohnens in vielgeschossigen Wohnhochhäusern schon Beweis genug dafür dünkt, daß diese Art des Wohnens die einzig richtige sei. Somit konnte es sie auch nicht irritieren, wenn die Marokkaner selbst da anderer Meinung waren, wie ihr eigenes Wohnbauprojekt im traditionellen Stil zeigte.

*Fortbestand sozialer Traditionen*

Die Modernisten der zweiten Generation hielten unbeirrt an der These fest, von der einst der frühe Modernismus ausgegangen war: daß der Mensch, die Gesellschaft, das Leben der Gegenwart sich so radikal von der Vergangenheit unterscheide, daß ihnen die traditionellen Strukturen der herkömmlichen Straßen, Häuser und übrigen

Aosta – die Piazza der
italienischen Stadt ist ein
beliebter Aufenthaltsort

New York City – die
Straße ist in ›Little Italy‹
ein beliebter Aufent-
haltsort

Haverstraw, N. Y. – das Straßenbild der
kleinen Ortschaft am Westufer des Hudson
ist typisch für die zahllosen Nester fern von
den Großstädten Amerikas: Einfamilienhäuser aus dem neunzehnten und den
ersten Jahrzehnten des zwanzigsten
Jahrhunderts, sämtlich freistehend, wie es
der amerikanische Hausbesitzer seit jeher
verlangt, selbst wenn dies bei der geringen
Breite der Parzellen und der vollen Ausnutzung der Grundstücksbreite durch das
Haus eher ein symbolisches denn ein
handgreifliches Charakteristikum ist

Formen einfach nicht mehr entsprechen könnten. Doch man braucht sich nur umzusehen, um festzustellen, daß viel eher das Gegenteil wahr ist. Die größten sozialen Spannungen scheinen – das gilt für alle Länder und Kulturen – mit dem Überwuchern der Hochhäuser, besonders der Wohnhochhäuser, verbunden zu sein, und das Wohnen im Hochhaus ist die einzige neue Form des Wohnens, die das Jahrhundert hervorgebracht hat. Längst schon gehen die Leute hin, nicht zuletzt viele Architekten, und erwerben Häuser aus dem neunzehnten Jahrhundert, um sie zu renovieren und wieder eine ordentliche Wohnung haben oder anbieten zu können. So werden in Berlin ganze Straßenzüge, ganze Viertel aus dem vorigen Jahrhundert wiederhergestellt und im Zuge des Innenausbaus modernisiert. Stadterneuerung ist jetzt das Motto.

Beobachtet man das Leben italienischer Gemeinden in den Vereinigten Staaten, so fällt auf, daß die Gewohnheiten und Verhaltensweisen dieser Italo-Amerikaner der dritten oder vierten Generation unverkennbar dem Lebensstil der Stadt- und Dorfbewohner in Italien entsprechen. Die augenfälligste Parallele liegt in der Art, wie die Straße als erweiterter Lebens- und Wohnraum im Freien genutzt wird.

Es wird auch behauptet, das Vorstadt-Reihenhaus in England wie das »freistehende« Vorstadt-Einfamilienhaus in Amerika sei ein Anachronismus, die meisten Architekten halten diese Form des Wohnens für kulturell überholt. Und dennoch erweist sich, wo immer man hinschaut, das Einfamilienhaus in der Vorstadt noch immer als die beliebteste Art der Behausung in Amerika. Wenn die Architekten erklären, daß dieses Vorstadt-Einfamilienhaus ein Anachronismus sei, so sprechen sie in Wahrheit nur ihr Verdammungsurteil über die sozialen und ästhetischen Werte, die sich darin verkörpern.

Der amerikanische Vorstadtbezirk verlangt notwendigerweise eine Regelmäßigkeit, die nicht viel Spielraum läßt. Unter dem Aspekt der Wirtschaftlichkeit sind die Grundstücke sämtlich von annähernd gleicher Größe. Da der Bauherr ein freistehendes Haus haben will, bleibt dem Architekten kaum eine Wahl. Er wird das Haus dorthin stellen, wo auch alle Nachbarhäuser stehen: in die Mitte des Grundstücks.

Auch in der Gestaltung des Hauses bleibt dem Architekten keine große Wahl, alle nur möglichen Variationen sind bereits durchgespielt, und die von der Moderne so hochgeschätzte »Originalität« – in dem Sinne, daß der Entwurf die individuelle Handschrift des Architekten ausweist – ist praktisch ausgeschlossen. Die Häuser reihen sich gleichmäßig aneinander, da gibt es keine besonderen Akzente, kaum

Vorstadtbezirke und Siedlungen straft der moderne Architekt wegen ihrer Regelmäßigkeit und Monotonie mit Nichtbeachtung

Vorstadtbezirke und Siedlungen wirken nur regelmäßig und monoton, wenn man sie aus der größeren Distanz betrachtet, die Bewohner sehen es anders: die kleinen Veränderungen oder Zutaten, etwa zwei beiderseits der Haustür angebrachte Kutschlaternen, machen ihr Haus zum eigenen Heim

Abwechslung, selten subtilere Motive oder auffälligere Kontraste – zumindest nicht in der Sicht des Architekten. Für den Hausbesitzer aber, für die Familie ist das eigene Haus das besondere, und es gibt genügend Unterscheidungsmerkmale, in der Lage des Grundstücks, im

Zuschnitt des Hauses, in der Ausbildung der Fassade, in der Wahl der Farben.

Der Vorstadtbewohner ist darüber hinaus im Durchschnitt konservativer als der Architekt. Vom Vorstadtbewohner kann man erwarten, daß er gegen Intellektualismus und für Tradition ist, daß er ganz allgemein ein Konformist ist, während der Architekt sich oft als den Vorreiter des kulturellen und sozialen Wandels sieht. Ob das nun ein Glück ist oder ein Unglück, Vorstadtbezirke wirken deprimierend auf die Architekten, weniger aber auf die Menschen, die dort wohnen.

*Flexibilität und Benutzerbeteiligung*

Seit den sechziger Jahren sind in zunehmendem Maß Projekte entstanden, bei deren Gestaltung eine bestimmte Flexibilität zugrunde gelegt wurde. Man suchte so die Architektur persönlicher und gegenüber unterschiedlichen Lebensweisen anpassungsfähiger zu machen. Im Prinzip bieten solche Projekte dem Benutzer die Möglichkeit, Änderungen vorzunehmen, vielleicht auch seinen eigenen Beitrag zur Gestaltung des Hauses oder der Wohnung zu leisten. Der Gedanke, daß man beim Bauen auch ein gewisses Maß an Flexibilität berücksichtigen könne, ist nicht neu. Schon 1919 hat Adolf Loos das System eines Arbeiterwohnhauses in Vorschlag gebracht, das eine Reihe von Variationsmöglichkeiten zuließ. Typenhäuser, die eine bestimmte Flexibilität beim Zusammenbau erlaubten, hat es noch viel früher gegeben, Beispiele dafür lassen sich bis mindestens zur Mitte des neunzehnten Jahrhunderts zurückverfolgen.

Mit Hilfe der Flexibilität im Haus- und Wohnungsbau lassen sich unterschiedliche soziale Ansprüche befriedigen. Ist der Benutzer, der Hausbesitzer oder Mieter, selbst mit an der Gestaltung beteiligt, wird er auch ein persönlicheres Verhältnis zu dem Haus oder zu der Wohnung haben und sorgfältiger damit umgehen. Als ein Weg zur Einbeziehung der Flexibilität im Wohnhausbau wurde die »offene Ästhetik« ersonnen, die das Team 10 auf der Tagung der CIAM in Otterloo 1959 vortrug; sie ist nicht mit dem von der modernen Architektur schon früher entwickelten Konzept des offenen Grundrisses zu verwechseln. Die »offene Ästhetik« stellte die Übertragung des Happening auf die Architektur dar. Das Happening, damals groß im Schwan-

120

ge, galt als ein künstlerisches Ereignis, bei dem das sich vollziehende Geschehen ebenso wichtig war wie das verbleibende Endprodukt. Die offene Ästhetik bot dem Benutzer die Möglichkeit, das fertiggestellte Haus durch Um- oder Anbauten zu verändern, die Bewohner konnten dem Haus so ihren eigenen Stempel aufdrücken.

Die offene Ästhetik rückte noch weiter ab von der Unpersönlichkeit der frühen modernen Architektur, indem sie dem Benutzer erlaubte, Veränderungen nach seinen eigenen Wünschen und Ansprüchen vorzunehmen, sie bedeutete jedenfalls eine Verbesserung gegenüber der Vorstellung vom symbolhaften Ausdruck des Sozialverhaltens in der Architektur. Wenn der Mensch, und sei es auch nur in bescheidenem Maße, am Bau seines eigenen Hauses beteiligt wird, etwa indem er bei einfacheren handwerklichen Arbeiten mithilft, so werden sich daraus auch engere und persönlichere Beziehungen zwischen dem Haus und seinem Bewohner, zwischen der Architektur und ihrer Nutzung ergeben. Die Auswirkungen dieses Konzepts sind eindeutig um so günstiger, je stärker der Bauherr oder der zukünftige Mieter an den grundlegenden Planungsentscheidungen beteiligt ist, etwa was die Anordnung der Räume und deren Abmessungen anbelangt; nur wird unglücklicherweise auch der Planungsprozeß um so langwieriger und mühevoller, je mehr man den Wünschen nach Einbeziehung und Beteiligung des Bauherrn nachgibt.

Es gibt Beispiele in verschiedenen Gegenden der Welt, die beweisen, daß diese Art des Verfahrens zu günstigen Ergebnissen führen kann. Die von den Eigentümern geplanten und gebauten wilden Siedlungen der Hüttenbewohner am Rand so mancher südamerikanischen Stadt sind die bekanntesten und extremsten Beispiele. Hier ist kaum jemals ein Fachmann in irgendeiner Weise beteiligt, von der Besetzung eines freien Stückchens Land bis hin zur Errichtung der Hütte ist ausschließlich der Eigentümer selbst am Werk.

Obwohl diese Siedlungen von Rechts wegen ungesetzlich waren, da sie ja schon mit der rechtswidrigen Inbesitznahme von Land begannen, erwiesen sie sich doch im Lauf der Zeit als äußerst nützliche Einrichtungen, die von den Behörden teils geduldet, teils sogar gebilligt und mit finanziellen Mitteln gefördert wurden, denn mit einem Minimum an öffentlichen Geldern, an sozialen Spannungen und Auseinandersetzungen waren hier lebendige Gemeinden entstanden, die gleichzeitig zur Linderung der Wohnungsnot beitrugen.

Das im Eigenbau erstellte Haus kostet, ob der Eigentümer nun wild baut oder sich an Planungsgrundlagen hält, in jedem Fall weniger als das vom Architekt entworfene Haus, die Baukosten sind naturgemäß weit niedriger, was an Material verwendet wird, ist meist am Ort vorhanden und schon wegen der entfallenden Transportkosten billiger. Wenn fremde Architekten in Entwicklungsländern bauen, besteht häufig die Gefahr, daß sie die einheimischen Materialien gar nicht kennen oder sie als ungeeignet für neuzeitliches Bauen ablehnen. Also importieren sie dann technisch kompliziertes, teures Material samt den zur Verarbeitung erforderlichen Maschinen und Geräten, die weiterhin die Kosten erhöhen. Die Verwendung einheimischen Materials hat daneben den weiteren Vorzug – und dieser Aspekt wird oft übersehen –, daß die dafür aufgewandten Gelder der einheimischen Wirtschaft verbleiben.

In den sechziger Jahren begann sich der Widerstand gegen die Stadtzerstörung durch Sanierung und Neubau deutlich zu artikulieren. Viele der Fehler im Städtebau, das stellte sich immer deutlicher heraus, waren begangen worden, weil die Verständigung fehlte zwischen denen, die amtlicherseits die Baupolitik bestimmten, und denen, die von dieser Politik betroffen waren. Seither haben sich vielerorts Laiengruppen zusammengeschlossen, die sich die rechtlichen, finanziellen und fachlichen Kenntnisse erwerben, um in Gemeinschaftsarbeit die älteren Häuser, in denen sie leben oder in denen die Nachbarschaft lebt, instandzusetzen und zu renovieren – mit wesentlich geringeren Mitteln, als sie für Neubauten erforderlich wären.

In Gemeinden, die von einem behördlichen Planungsvorhaben betroffen sind, bedienen sich die Bürger oft der Dienste eines Fachmanns, der ihre Interessen vertritt. Der Fachmann hilft bei der Feststellung und Formulierung der Ansprüche und Bedürfnisse der Bürger, so daß diese dann den Behörden eindeutige und wohlfundierte Alternativen anbieten können. Aus der Auseinandersetzung zwischen Bürgern und Behörden wird die Diskussion, zu der die Bürger mit Hilfe des Fachmanns wertvolle Beiträge leisten können. Die Behörden setzen die Prioritäten und treffen die Entscheidungen unter Mitarbeit der Gemeinde.

Megastrukturen bieten, so könnte es scheinen, das Äußerste an Flexibilität in der Erfüllung der unterschiedlichen sozialen Erfordernisse. Sie bestehen für gewöhnlich aus gewaltigen Rahmenkonstruktionen, nur ein paar Stockwerke oder gleich ein paar hundert Meter hoch, bei denen die einzelnen Raum- oder Wohnungseinheiten beliebig eingesetzt oder herausgenommen werden können. Wenn die Familie Zuwachs bekommt, kann sie also eine zusätzliche Raumeinheit erwerben

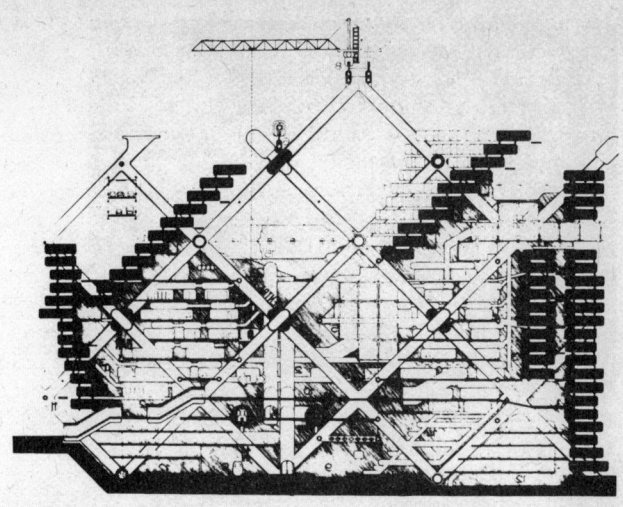

Plug-in City, die Stadt zum Ein- und Aus-
stöpseln, Entwurfsskizze, Schnitt durch
einen Teilkomplex, Architekt Peter Cook,
1964 – im festgefügten Rahmen bewegliche
Wohnungs- und Raumeinheiten, komplett
mit Auslegerkran auf dem ›First‹ und
Richtungsfahrbahnen für den Autoverkehr
auf zwei in Höhe des dreiundzwanzigsten
›Stockwerks‹ aufgehängten Decks

und ihre Wohnung damit erweitern, und wenn die Kinder groß geworden sind und die elterliche Wohnung verlassen, können die Eltern die
nicht mehr benötigten Raumeinheiten verkaufen und ihre Wohnung
wieder auf das gewünschte Maß verkleinern. Auswechslung und Um-
bau bieten keinerlei Schwierigkeiten, denn die in Massenfertigung
hergestellten Einheiten sind austauschbar und unabhängig von der
tragenden Konstruktion wie von deren Kommunikations- und Ver-
sorgungssystemen. Doch einmal abgesehen von den Komplikationen,
die der Transport riesiger Container von Wohnungsgröße durch enge
und verkehrsreiche Stadtbezirke mit sich bringt, dürften Megastrukturen nur wirklich ein größeres Maß an Flexibilität bieten, wenn sie nicht
bis zur vollen Kapazität genutzt wären, und dies müßte sie unwirt-

124

Ob Mobilität oder Immobilität der
Menschen und ihrer Behausungen, der
Architekt sollte niemals den Wert des
Gewohnten, Eingewurzelten, Vertrauten
übersehen: das Hauszelt auf einem
italienischen Campingplatz schmückt sich
mit säuberlich gefältelten Vorhängen hinter
dem Fenster und einem flachen Rundbogen
über dem Eingang mit Reißverschluß

Mobilität und Immobilität sind relative
Begriffe, Form und Gestaltung des Hauses
müssen nicht unbedingt die Lebensweise
seiner Bewohner bestimmen: den Wohn-
anhänger, das ›Heim auf Rädern‹, haben
seine Bewohner am Ufer des Hudson fest
auf Grund gesetzt, die beiden Häuser
altamerikanischen Typs, das dauerhaft aus
Holz gezimmerte wie das fest aus Feldstein
gefügte, rollen auf Tiefladern durch die
idyllische Landschaft Virginias einem neuen
Standort entgegen

schaftlich machen. Mit einem noch provitablen Anteil von drei oder sogar fünf Prozent ungenutzten Raumes bietet eine Megastruktur vergleichsweise wenig Flexibilität: Der eine kann seine Wohnung nicht erweitern, wenn der andere neben ihm nicht verkaufen will.

Es gibt noch weitere Komplikationen bei der Verwendung flexibler Strukturen, die mit dem wechselnden Bedarf der Familie vergrößert oder verkleinert werden können, die man vielleicht auch, wenn sie überaltet oder aus der Mode gekommen sind, verschrottet wie den alten Wagen. Die Errungenschaften der Technologie veralten nicht so schnell, wie die Anbeter von Wandel und Fortschritt glauben machen wollen. Die flexiblen und beliebig einzusetzenden Einheiten könnten zu langlebig und zu sehr im Wert gestiegen sein, um sie nach einiger Zeit einfach wegzuwerfen. Die Planer könnten den Ablauf des sozialen Wandels und des Alterungsprozesses technischer Produkte mit der Geschwindigkeit der heutigen Verkehrsmittel verwechselt haben. Das Düsenzeitalter begann in den späten fünfziger Jahren, und die ersten Düsenmaschinen, die damals flogen, waren auch fünfzehn Jahre später noch im Einsatz und werden vielleicht noch weitere fünfzehn Jahre fliegen – eine Zeit von dreißig Jahren, und das ist etwa auch die Laufzeit einer normalen Hypothek.

Vielfach beruhen die flexiblen Einheiten, die für den Massenwohnungsbau entworfen wurden, auf Entwicklungen der Luft- und Raumfahrttechnologie und werden bei entsprechender Wartung gewiß so lange halten wie die Boing 707. Und sollten sie tatsächlich dreißig Jahre halten und auch einen wiederholten Wechsel der Eigentümer überstehen, dann sollten wir vielleicht aufhören zu fragen, wie wir eine bewegliche Architektur schaffen, und statt dessen lieber fragen, ob nicht im Falle eines Wohnungswechsels der Umzug der Leute samt Hab und Gut besser ist als ein Umzug der kompletten Wohnung.

Auch weniger aufwendige Verfahren zur flexibleren Gestaltung von Haus und Wohnung, etwa die Verwendung versetzbarer nichttragender Wände, bietet in der Praxis kaum mehr Flexibilität als die Megastruktur. Ein junges Ehepaar, das zum Zeitpunkt des Einzugs eine Wohnung mit einem Schlafzimmer, zwei Jahre danach aber zusätzlich noch ein Kinderzimmer braucht, wird von Anfang an eine Wohnung von ausreichender Größe suchen und mieten müssen, will es nicht, wenn sich der Familienzuwachs einstellt, von neuem auf Wohnungssuche gehen. Versetzbare Wände schaffen eben zwar Räume von unterschiedlicher Größe, aber keinen zusätzlichen Raum.

In Mietwohnungen, bei denen es eher auf Wirtschaftlichkeit als auf

Prestige ankommt, sind die Trennwände selten flexibler als die aus zehn Zentimeter breiten Hohlblocksteinen aufgeführte Wand. Mehr Flexibilität braucht der Wohnungsinhaber auch nicht, der einen Mietvertrag auf drei Jahre abschließt. Selbst für Museen, die vielleicht alle sechs Wochen eine andere Ausstellung zeigen, bieten bewegliche, von Hand versetzbare Trennwände genügend Flexibilität.

Überdies dürfte sich die Nachfrage nach versetzbaren Wänden für die Wohnung oder das Haus in Grenzen halten. Das Interesse und die Neigung, Wände in der Wohnung zu versetzen, gehen den meisten Nichtarchitekten ab. Betrachtet man die aufwendige Technik und die anfallenden Kosten, die mit der Konstruktion und Unterhaltung flexibler Wohnungen und Wohnanlagen verbunden sind, und setzt diese in Beziehung zu der Zahl der Fälle, in denen diese Flexibilität tatsächlich in Anspruch genommen wird, indem jemand erweitert oder verkleinert, umbaut oder Wände versetzt, kann man nur zu der einen Schlußfolgerung kommen: Hier wird mit Kanonen auf Spatzen geschossen.

Falls Flexibilität eine Methode sein sollte, mit deren Hilfe die Anforderungen unterschiedlicher Lebensweisen zu erfüllen wären, dann käme es darauf an, wer ihre Grenzen bestimmt. Ein bestimmtes Maß an Flexibilität mag für die eine Gruppe richtig sein, nicht aber für die andere, und wenn der Architekt das Maß auf Grund seiner eigenen Normen bestimmt und diese Normen nicht auch die seiner Auftraggeber sind, hat das ganze Konzept seinen Wert verloren. Die Tür zwischen zwei Räumen zum Beispiel bietet ein beträchtliches Maß an Flexibilität in der Kenntlichmachung der wechselseitigen Beziehungen der beiden Räume. Im Verlauf des Tages wird sie zu unterschiedlichen Zeiten geöffnet, geschlossen oder in einem unterschiedlichen Winkel, vom schmalen Spalt bis zum Anschlag am Türstopper, offenstehen gelassen. Man möchte annehmen, daß dieses Maß an Flexibilität genüge, um die Ansprüche einer jeden Gruppe, einer jeden Kultur zu erfüllen. Doch würde man annehmen, daß das für Europa gültige Maß an Flexibilität, das die Tür bietet, absolut notwendig sei, um alle Ansprüche überall und zu jeder Zeit zu erfüllen, so wäre das ein Trugschluß – von dieser Annahme gingen die Europäer und die in Europa ausgebildeten Inder aus, die seinerzeit die Häuser für die Stadt Chandigarh in Indien entwarfen, und es erwies sich, daß dies ein völlig belangloser Gesichtspunkt war. Die Mehrzahl der Türen in den Wohnungen von Chandigarh, die der Autor sah, hätte ebensogut oder besser als offener Durchgang gebildet sein können – die Türen stehen ständig offen, und zum Schließen des Durchgangs genügt ein Vorhang.

# IV. Die Anwendung der modernen Ideologie – Zwei Fallstudien

*Chandigarh, Indien*

Die moderne Ideologie besteht, wie sich gezeigt hat, in der Festlegung der Art, wie die Menschen zu leben haben und wie die Behausungen, in denen sie leben, auszusehen haben. Zu den Grundprinzipien, von denen die Modernisten ausgingen, gehörte die Überzeugung, daß diese Ideologie universelle Gültigkeit für die moderne Industriewelt besaß, da sie die nationale Planung zur Bewältigung der einzigartigen Bedingungen des modernen Lebens befähigte.

Das Konzept der Planung, ob es nun um den Entwurf eines Hauses, eines Bezirks oder einer ganzen Stadt geht, setzt stets voraus, daß die Planenden in der Lage sind, die zukünftige Nutzung dessen, was auf der Grundlage der Planung entsteht, mit einiger Sicherheit vorauszusehen. Je exakter diese Voraussagen sind, desto näher wird die tatsächliche Nutzung den ursprünglichen Intentionen des Planenden kommen, desto größeren Erfolg wird der Entwurf haben. Wenn die Menschen, für die das Haus oder die Stadt geplant war, ihr Haus oder ihre Stadt nicht in der Weise nutzen, wie sie der Planende vorgesehen hat, dann hat er samt seinem Plan versagt. Selbstverständlich gibt es graduelle Unterschiede des Erfolgs, kein Mensch ist unfehlbar, doch wenn der Architekt einen Raum ausdrücklich als Eßzimmer und einen anderen als Schlafzimmer auslegt und die Bewohner dann im Eßzimmer schlafen und ihre Gäste im Schlafzimmer empfangen, sollte der Architekt sich lieber nicht mit der bemerkenswerten Anpassungsfähigkeit seines Plans brüsten. Er war nur nicht fähig gewesen, die Bedürfnisse und Wünsche der Menschen zu erfassen und seinen Entwurf korrekt darauf abzustellen.

Zu guter Letzt bleibt ein entscheidender Punkt festzuhalten. Wenn die moderne Ideologie sich erfolgreich durchsetzen will, dann müssen ihre vom ideologischen Konzept bestimmten Planungsalternativen, ihre Vorschläge zu einem neuen und besseren Leben für die Menschen, sich als wünschenswerter und dauerhafter erweisen als alles, was die Traditionen – die sie doch ablösen will – hervorgebracht haben. Wenn dies einmal eintritt, dann haben die Modernisten den Beweis für die Richtigkeit ihrer Ideologie geführt, und kein Mensch wird je wieder von der Tradition als einem Faktor in der Architektur zu reden haben.

Chandigarh, die Hauptstadt der indischen Provinzen Punjab und Hariana, wurde geplant und angelegt nach den Prinzipien der modernen Architektur, die der Westen hervorgebracht hat. Hier bot sich die einmalige Gelegenheit, den Wert und die Gültigkeit der modernistischen Theorien zu prüfen. Chandigarh ist ein wahrhafter Testfall – ein Testfeld, auf dem sich die Entwicklung vom Ursprung und der Planung bis zum augenblicklichen Zustand über zwanzig Jahre hinweg verfolgen läßt. Chandigarh entstand auf jungfräulichem Boden, keine etwa an Ort und Stelle vorgefundenen Zeugnisse oder Spuren einer Tradition hinderten also die Planer und Erbauer an der vergleichsweise reinen Verwirklichung der modernen Konzepte von Architektur und Städtebau.

Einschränkende technische und wirtschaftliche Bedingungen gab es selbstverständlich auch im Fall von Chandigarh, doch solche Bedingungen gehören nun einmal zum Bauen – ohne diese wäre kaum ein fairer Test möglich gewesen. Le Corbusier und seine Mitarbeiter, die Schöpfer von Chandigarh, hatten in Planung und Ausführung freie Hand in einem Ausmaß, wie es sich kein Architekt in der Welt größer hätte erhoffen können. Im Fall von Chandigarh wird also der Erfolg oder Mißerfolg zum exemplarischen Beweis für die Gültigkeit oder das Versagen der modernen Theorien.

Die Bauarbeiten setzten 1952 ein, und als ich Chandigarh 1971 besuchte, waren alle wichtigen Projekte der ersten Phase abgeschlossen, die zweite Phase war bereits in Angriff genommen.

Die Einwohner von Chandigarh sind vorwiegend Beamte und Angestellte, haben also eine bessere Erziehung und Ausbildung und sind stärker »verwestlicht«, als es durchschnittlich in den Städten Indiens der Fall ist.

Der Plan zur Gründung der Stadt kam in einer Zeit auf, die noch getragen war vom Hochgefühl, nachdem Indien seine Unabhängigkeit erlangt hatte. Pandit Nehru, der Ministerpräsident, suchte damals die Inder von der kolonialen Vergangenheit ebenso wie von den einheimischen Traditionen zu lösen. Für die Modernisten hätten also die Umstände kaum günstiger sein können, durfte sich doch hier die Vorstellung von der Verschmelzung der Völker und Nationen zur einheitlichen Weltkultur bewähren.

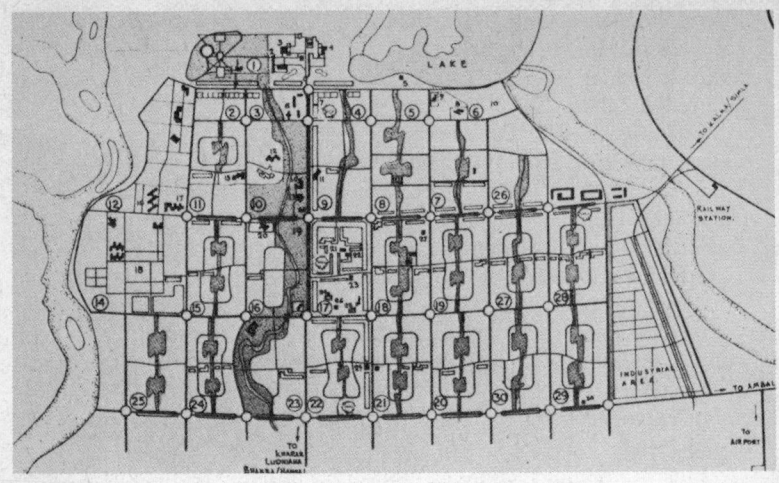

Chandigarh, Indien, erste Phase, Lageskizze

In diesem Abschnitt soll die nach westlichen Maßstäben geplante und gebaute indische Stadt daraufhin untersucht werden, inwieweit die von den Planern vorgesehene Nutzung im Verlauf der zwei Jahrzehnte auch Wirklichkeit geworden ist. Eine besondere kritische Auseinandersetzung mit Le Corbusier oder mit den anderen Fachleuten, Indern und Europäern, die im Lauf der zwanzig Jahre mit der Planung der Stadt befaßt waren, ist nicht beabsichtigt. Chandigarh ist das Produkt einer geistigen Verfassung, die sich noch immer in zahllosen Projekten überall in der Welt manifestiert – in diesem weiteren Zusammenhang sollte die Diskussion gesehen werden.

Die alte Hauptstadt des Punjab, die 1947 bei der Teilung Indiens an Pakistan fiel, war Lahore gewesen. Lahore bildete bis dahin das Zentrum Nordindiens in Politik, Kultur, Wissenschaft und Erziehung, und der Verlust machte sich schmerzlich bemerkbar. Die Menschen im Punjab sollten wieder Hoffnung schöpfen, sollten erkennen, daß sie nicht alles verloren hatten – darum entschloß sich Nehru, ein neues Zentrum, eine ganz neue Stadt zu schaffen, statt eine der verbliebenen Städte der Provinz zu erweitern und auszubauen. Die neue Stadt sollte »frei von den Fesseln der Tradition« heranwachsen.

Nach einigen Mißhelligkeiten im Stadium der Vorplanung berief die

130

Chandigarh, Indien,
Sektor 21, Plan – ein
Sektor im Wohnbezirk
der Stadt

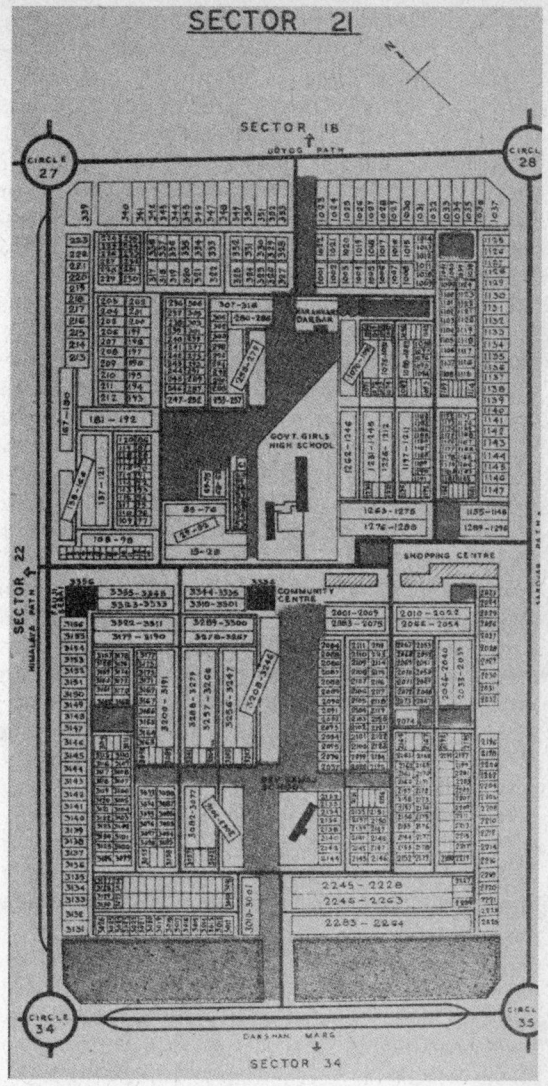

indische Regierung Le Corbusier zum Chefarchitekten und beauftragte ihn mit der Leitung der Stadtplanung. Im März und April 1950 besuchte Le Corbusier den Punjab. Die Stadt, wie sie nun Gestalt angenommen hat, liegt in der Ebene vor den Gebirgsketten am Fuß des Himalaya. Die erste Phase besteht aus dreißig je rund siebenhundert Meter langen und einen Kilometer breiten Sektoren, schachbrettartig aufgeteilt und durchschnitten von den Hauptverkehrsadern. Die Bauhöhe war in dieser Phase auf zweieinhalb Stockwerke begrenzt, erst in der zweiten Phase sollte die Stadt auch höhere Gebäude erhalten. Einige Sektoren sind speziell der Industrie und der Universität vorbehalten, während sich die Sektoren sonst aus Wohnhäusern mit einem Einkaufszentrum, Schulen, Tempeln und anderen Gemeindeeinrichtungen für den jeweiligen Einzugsbereich zusammensetzen.

Der typische Wohnsektor weist eine ost-westlich geführte Geschäftsstraße mit zwei Zugängen für den Kraftfahrzeugverkehr auf. Kleinere Nebenstraßen führen von dieser Geschäftsstraße in die Wohnbezirke. Das große Geschäftszentrum liegt in der Stadtmitte, in Sektor 17, während die Regierungsgebäude – die als einzige von Le Corbusier selbst entworfen wurden – im nördlichen Teil der Stadt nahe bei einem künstlichen See liegen. Der See wurde durch die Eindämmung eines Flußbetts, das hier das Stadtgebiet berührt, und die Umleitung des nur in der Regenzeit Wasser führenden Flusses geschaffen. Das Areal zu beiden Seiten des einstigen Flußbetts wurde als Parkanlage gestaltet, dieser größte Park der Stadt trägt jetzt den Namen »Leisure Valley« (etwa »Tal des geruhsamen Verweilens«).

## Offene Flächen

Die Forderung nach Freiflächen, frischer Luft und viel Licht, die, wie ausgeführt, für die moderne Bewegung weit im Vordergrund stand, spielte bei der Planung von Chandigarh eine entscheidende Rolle und hat, ironischerweise, zu dem gegenwärtigen Zustand geführt, in dem sich das Ganze wie eine einzige, endlos ausgedehnte Vorstadt darbietet. Die Stadt weist drei unterschiedliche Arten von Freiflächen auf: 1. Das langgestreckte Areal des »Leisure Valley«; 2. größere Grünstreifen, die jeden Sektor in nord-südlicher Richtung durchziehen; und 3. die kleineren Freiflächen zwischen Häusern.

Der Park des Leisure Valley erstreckt sich von Nord nach Süd durch das gesamte in der ersten Phase bebaute Stadtgebiet. Gedacht war er als Brennpunkt des öffentlichen Lebens für die Einwohnerschaft. In der westlichen Welt ist jedermann mit der Vorstellung eines die ganze Stadt durchziehenden Parks vertraut, jedermann kennt die großen, vielfach sogar berühmten Parkanlagen in europäischen und amerikanischen Großstädten. Doch im Vergleich zu seinen westlichen Gegenstücken wird das Leisure Valley von den Bürgern kaum genutzt. Das Problem, das hier deutlich wird, ergibt sich in Chandigarh bei fast allem, was mit der Planung und Bebauung zu tun hat: Die Planer gingen von ihren eigenen Vorstellungen darüber aus, wie die Menschen ihre Stadt nutzen würden, ohne die traditionelle Lebensweise der Inder zu berücksichtigen.

Bei unserem Aufenthalt in Chandigarh sprachen wir immer wieder mit Einwohnern der Stadt, die erklärten, die Parkanlagen seien Erfindungen von Ausländern. Selbstverständlich hat auch Indien bedeutende und schöne Parks, doch sie sind im großen und ganzen sozusagen Importartikel. Das Taj Mahal mit seinen großartigen Anlagen entstand in der Zeit der Fremdherrschaft unter den Moguln, und die Parkanlagen von Neu-Delhi wurden in der Kolonialzeit unter britischer Herrschaft geschaffen. In Indien konzentriert sich das Leben generell in weit stärkerem Maße auf die Familie, als das gemeinhin in Europa der Fall ist. Erholung und Gesellschaft sucht und findet der Inder zu Hause. Während etwa die amerikanische Familie den Park zu einem Wochenendausflug aufsucht, würde die indische Familie viel eher einen Besuch im Haus von Verwandten abstatten. In der westlichen Welt geht die Mutter ganz selbstverständlich mit ihrem Kind zum Spielen in den Park, während die Inderin schon leicht in den Verdacht geraten könnte, auf Abwegen zu wandeln, wenn sie nur einmal ohne die Begleitung ihres Mannes in einem öffentlichen Park spazierenginge. Es kann in Indien hier und da vorkommen, daß die gebildete, weitgereiste, englischsprechende Gastgeberin einem männlichen Gast nicht einmal eine Tasse Tee reichen darf aus Angst, ihre Hände könnten sich zufällig berühren und die Leute würden anfangen zu tuscheln.

Die Grünflächen innerhalb der Sektoren von Chandigarh, besonders die Flächen rund um die Einkaufszentren und die Bürogebäude, werden noch eher geschätzt als Leisure Valley. Diese Grünflächen entsprechen in etwa den Freiräumen, wie sie die indischen Städte und Dörfer seit alters aufweisen. Noch im letzten Dorf wird es einen Baum geben, unter dem sich die Männer niederlassen, um sich die Zeit zu

Chandigarh, Indien, Leisure Valley

New York, N. Y., Washington Square

vertreiben, sich zu unterhalten oder Karten zu spielen, und in jeder Stadt finden sich die Läden, in denen Freunde und Bekannte zusammenkommen, und die Straßen, auf denen man stehenbleibt, um im Gespräch mit Freunden und Nachbarn Gedanken auszutauschen. Doch während sich die Grünflächen rund um die Einkaufszentren der Sektoren als die Orte anbieten, an denen sich auch in Chandigarh diese traditionelle Art des geselligen Zusammenseins fortsetzen ließe, sind sie im allgemeinen so weitläufig angelegt, daß allein durch die räumliche Ausdehnung das Gefühl regen geselligen Lebens zerstört wird, das für andere Städte Indiens so charakteristisch ist. Die räumliche Ausdehnung reizt darüber hinaus noch zu ganz anderer Nutzung dieser Grünflächen, als sie im ursprünglichen Konzept vorgesehen war. Geplant waren die Grünflächen als Pufferzonen zwischen den Geschäfts- und den Wohnbezirken, doch häufig werden sie auch illegalerweise von Ladeninhabern besetzt, von Kaufhäusern oder Fabriken, die einen Teil ihres Warenangebots oder ihrer Lagerbestände im Freien ausbreiten und damit ihren Geschäftsbereich um das Stückchen Freifläche vor der Tür erweitern.

Die kleinen Grünflächen rund um einzelne Häuser sind wahrscheinlich deswegen die beliebtesten Freiräume, weil sie noch am ehesten dem traditionellen Schema entsprechen.

Indische Frauen halten sich allgemein überwiegend in der Nähe des Hauses auf, und ihre Kinder spielen ebenfalls in der unmittelbaren Umgebung. Doch noch bei dieser erfolgreichen Konzeption der Gesamtplanung treten Probleme auf, die leicht hätten vermieden werden können, wären sich die Planer nur des beharrlichen Weiterlebens traditioneller Lebensweisen und Gewohnheiten bewußt gewesen.

Die Mulhalla, die traditionelle Straße im Wohnbezirk der indischen Stadt, ist vergleichsweise schmal, sie ist manchmal nur eine Passage von nicht mehr als ein Meter zwanzig bis ein Meter fünfzig Breite, bestanden mit ein- bis vier- oder fünfgeschossigen Häusern.

In Indien ist es vor allem bei den niedrigeren Klassen Sitte, daß die Frauen vor den Häusern sitzen und sich unterhalten, während sie ihre tägliche Arbeit verrichten. In Chandigarh sind die Häuser für die Bezieher niedriger Einkommen vielfach rund um weite Plätze gruppiert, die Abmessungen bis zu zweihundertfünfzig oder dreihundert Metern aufweisen. Dort sitzen die Menschen noch immer, wie gewohnt, vor ihren Häusern an der Peripherie, während der weite zentrale Raum – in Europa oder Amerika würde man ihn eben einen Platz, eine Piazza, einen Dorfanger, eine Grünanlage nennen – prak-

Chandigarh, Indien – die Grünflächen vor den Bürogebäuden beleben sich während der Mittagspause

Chandigarh, Indien – die Grünflächen zwischen den Wohnhäusern und den Einkaufszentren werden oft von Kleinfabrikanten oder Händlern zweckentfremdet genutzt

tisch Niemandsland ist. In einer vergleichbaren Arbeiterwohngegend irgendwo in Europa oder Amerika wäre eine derartige Grünfläche sofort zum Mittelpunkt der gesamten Nachbarschaft geworden – nicht so in Indien, wo das Familienleben und der unmittelbare häusliche Bereich vorgehen.

Unter den dreißig Sektoren von Chandigarh sind annähernd fünfundzwanzig vorwiegend als Wohnbezirke ausgelegt, deren Planung auf dem Konzept der Nachbarschaftseinheit beruhte. Dieses Konzept ist im Westen schon seit mehr als vierzig Jahren geläufig, es läßt sich letztlich bis auf den Gedanken des Vorstadt-»Superblocks« aus dem neunzehnten Jahrhundert zurückverfolgen. Gropius hatte nach dem Zweiten Weltkrieg gefordert[29], daß die Städteplaner »das Interesse und Verantwortungsgefühl der Einwohner zu aktiver Teilnahme an allen örtlichen Maßnahmen anregen« sollten. Dazu müßte »der Aufbau der Gemeindeverwaltung vermenschlicht, d. h. in kleinere Verwaltungsbezirke aufgeteilt werden. Sie sollten sich auf der Verwaltungseinheit selbständiger Nachbarschaften aufbauen, die als Organismen klein genug sind, den gesellschaftlichen Umgang zwischen Mensch und Mensch zu befördern«.

Mit der Nachbarschaftseinheit oder, wie es in Chandigarh heißt, mit dem Sektor suchte man die Einwohnerschaft der Stadt in kleinere kommunale Zellen aufzuteilen, die sich zu echten kleinen, in sich geschlossenen Gemeinden entwickeln können. In der Theorie sollte die Nachbarschaftseinheit das Zusammengehörigkeitsgefühl wecken und fördern, da die Menschen innerhalb eines festumrissenen Bezirks vergleichsweise eng zusammenleben, mit einer Grundschule für alle Kinder und mit bequem zu erreichenden Einkaufszentren und Parkanlagen für alle Bewohner des Bezirks. Das heranwachsende Zusammengehörigkeitsgefühl würde, nahm man an, zusätzlich bestärkt werden durch die Gestaltung der jeweiligen Bezirke, die stets für Gruppen mit ungefähr gleichen Einkommensverhältnissen angelegt waren.

Das Konzept der Nachbarschaftseinheit hat sich in den Vereinigten Staaten bewährt, doch die Voraussetzungen, die hier zum Erfolg führten, waren in Indien nicht, oder nicht in dieser Form gegeben. In Amerika mußten die Eltern vor Einführung des Schulbussystems ihre Kinder, wenn sie die öffentliche Schule besuchen sollten, auf die Schule im eigenen Bezirk schicken. Außerdem nahmen die Eltern normalerweise an den Versammlungen der örtlichen Eltern-Lehrer-Vereinigungen und an den Wahlen für den örtlichen Erziehungsbeirat teil. Alle diese Faktoren machten die Schule zu einem Mittelpunkt des Gemeindelebens, dem die gemeinsamen Interessen galten und an dem sich die Bewohner des Bezirks zusammenfanden.

Die Mulhalla, die Straße
im typischen Wohn-
bezirk der alten
indischen Stadt

Chandigarh, Indien,
Wohnhäuser für die
Bezieher niedrigerer
Einkommen mit baum-
bestandenem Hof

Chandigarh, Indien – die
Wohnhäuser sind jeweils
nach Einkommens-
klassen zusammengefaßt

In Indien gibt es, gemessen an den amerikanischen Verhältnissen, eine ungeahnte Vielzahl von Schulen, und die öffentliche Schule stellt nicht die Grundnorm des Erziehungssystems dar. Es gibt eine Fülle der unterschiedlichsten Privatschulen, auf die man die Kinder schikken kann, und die Wahl der Schule wird, wie man uns erzählte, bestimmt vom sozialen Status, von der Religionszugehörigkeit und – wohl nicht zuletzt – von den Einkommensverhältnissen der Eltern. Die örtliche Schule ist also nicht der Sammelpunkt der Gemeinde. In einigen Fällen besuchten, wie eine Studie des Soziologischen Instituts der Punjab University belegt, achtundneunzig Prozent der Kinder im Schulalter aus einem bestimmten Sektor Schulen außerhalb des betreffenden Sektors.

Wenn verschiedene Europäer oder Amerikaner Häuser zu annähernd dem gleichen Preis erstehen, dann haben sie auch etwas gemein, das, stehen diese Häuser in vergleichbarer Umgebung, ein Gefühl der Nachbarschaft und der Zusammengehörigkeit entstehen lassen kann – sie haben ungefähr das gleiche Einkommen. In Chandigarh gehören zwar die Bewohner eines jeden Sektors ungefähr der gleichen Einkommensgruppe an, waren sie doch von Anfang an nach von der Regierung festgesetzten Wohnberechtigungsgruppen eingestuft und auf die entsprechenden Sektoren verteilt worden, doch hier wirkt die gemeinsame finanzielle Situation offenbar nicht als gesellschaftlicher Katalysator, führt nicht zu gutnachbarlichen Beziehungen. Als der bedeutsamste individuelle Faktor in der Entstehung von Freundschaften und nachbarlichen Beziehungen wurden von den Leuten, mit denen wir reden und die wir beobachten konnten, noch immer Familienbande genannt.

In der Theorie sollte das Geschäftszentrum eines jeden Sektors von Chandigarh ebenfalls zur Ausbildung des Zusammengehörigkeitsgefühls beitragen. In den Einkaufszentren der einzelnen Sektoren sollten jeweils Geschäfte der unterschiedlichsten Branchen vorhanden sein, so daß die Bewohner zur Deckung zumindest des täglichen Bedarfs ihren Sektor nicht zu verlassen brauchten. Und auch in diesem Fall wurden die löblichen Absichten der Planer wieder unterlaufen – die Tradition, die Gewohnheiten waren stärker. Im Basar, dessen Stelle nun die neuen Einkaufszentren einnehmen sollten, sind die Geschäfte, die eine ähnliche Auswahl von Lebensmitteln und anderen Produkten anbieten, stets nach den jeweiligen Sparten zusammengefaßt, die Fleischhändler hier, die Gemüsehändler dort, und die Souvenirhändler in der dritten Gasse rechts. Die Einkaufszentren der Sektoren von

Chandigarh, Indien, Einkaufszentrum – die Einkaufszentren sind heute vielfach von einer einzigen Branche mit Beschlag belegt

Chandigarh, Indien, Vorplatz am Einkaufszentrum – wenn die Einkaufszentren von einer einzigen Branche übernommen sind, breiten illegale Straßenhändler ihre Waren vor dem Gebäude aus

Chandigarh, nach der Devise »ein Laden pro Branche« angelegt, waren für stürmische Zeiten geradezu vorprogrammiert, und die Stürme bliesen aus den verschiedensten Ecken. Am auffälligsten ist der Entwicklungsverlauf abzulesen an jenen Einkaufszentren, in denen mittlerweile nur noch eine einzige Branche vertreten ist. Da gibt es ein ehemaliges Einkaufszentrum, in dem man nur noch Reparaturwerkstätten für Kraftfahrzeuge und Motorräder findet, in einem anderen werden nur noch Möbel verkauft, und ein drittes hat sich in ein Einkaufszentrum für den Do-it-yourself-Heimwerker verwandelt. Wo immer ein Einkaufszentrum durch eine einzige Branche übernommen worden ist, müssen sich nun die Bewohner des betreffenden Sektors bei den illegalen Straßenhändlern versorgen, die ihre semipermanenten Verkaufskarren in den Grünstreifen rund um das gewesene »Einkaufszentrum« aufgestellt haben. (Der Straßenhandel ist in Chandigarh erlaubt, doch nur unter der Bedingung, daß der Händler – nach Art der Londoner Straßenmusikanten – sich ständig weiterbewegt.) Eine solche Entwicklung muß natürlich die Planer in Aufregung versetzen, denn einmal sind diese Ansammlungen von Straßenhändlern außerordentlich irregulär, undurchsichtig und auch unsauber, und dann verstoßen sie obendrein noch gröblich gegen das von der Planung festgelegte Gesetz.

Was wirklich eine solche Invasion illegaler Händler und eine Rückkehr zu Formen, die eher dem Basar traditioneller Art gleichen, heraufbeschworen hat, läßt sich nicht genau sagen. Gewiß war es in alten Zeiten und ist es wohl noch heute für Leute, die nicht lesen können, leichter, einen Gemüsestand zu finden, wenn sich alle Gemüsestände an ein und derselben Stelle befinden. Als ein weiterer Aspekt ist zu bedenken, daß das Einkaufen in Indien wie auch in anderen Teilen der Welt nicht der simple, unpersönliche Vorgang ist, den die Menschen in der westlichen Welt heute darunter verstehen, daß man nämlich zwischen Regalreihen entlanggeht, das Gewünschte aus den Regalen entnimmt und keinen Verkäufer zu Gesicht bekommt, bis man an der Kasse bezahlen muß. In Indien ist der Vorgang des Einkaufens unvergleichlich viel facettenreicher und verlangt auf jeden Fall mehr menschlichen Kontakt. Das Feilschen um den Preis gehört zum Einkauf, und das wird allemal erleichtert, wenn die Läden nebenan die gleiche Art von Waren feilbieten. So kann der Kunde von Laden zu Laden gehen und erst einmal die Preislage erkunden, während der Händler seinerseits ein Auge auf die Preisgestaltung der Konkurrenten halten kann.

Neben jenen Einkaufszentren, die nicht von einer einzigen Branche übernommen worden sind, haben sich illegale Händler angesiedelt. Hier findet der Kunde, der sonst die gewünschte Ware nur in einem einzigen einschlägigen Geschäft kaufen könnte, ein zusätzliches Warenangebot mit den entsprechenden Preisvariationen. So kann es kommen, daß drinnen im Einkaufszentrum eine bestimmte Ware nur in einem Laden oder in zwei Läden erhältlich ist, während draußen auf der Straße gleich zwanzig illegale Händler hocken, die eben die gleiche Ware anbieten.

Trotz amtlicher Verfügungen und verbindlicher Bebauungspläne, die den kommerziellen Bereich ausschließlich auf die Geschäftsstraßen und die Einkaufszentren beschränken, ist im Sektor 23 ein riesiger Basar entstanden, der eine Fläche von einigen tausend Quadratmetern bedeckt. Hier haben sich die Händler nach traditioneller Weise entsprechend den Sparten zusammengestellt.

Die Geschäftsstraßen, die in ost-westlicher Richtung die Sektoren durchqueren, sollten nur auf der Südseite Läden haben. So hatten es die Planer vorgesehen, um die Behinderung des Verkehrs durch die Straße überquerende Fußgänger zu vermindern; die Kauflustigen sollten auf die eine Seite der Straße, an der sich die Läden befinden, beschränkt bleiben. Die Straßen erscheinen unverhältnismäßig breit; es muß also unbequem sein, beim Einkaufsbummel ständig über die Straße zu wechseln, doch selbst das hat es nicht verhindert, daß mittlerweile auch fast alle Häuser auf der Nordseite der Geschäftsstraßen umfunktioniert sind und nun kommerziellen Zwecken dienen. Die traditionelle Form der Basarstraße hat sich, wenn auch durch Auszehrung ihres geschäftigen und intimen Charakters beraubt, in Chandigarh wieder durchgesetzt.

*Wohnungsbau*

Die folgenden Anmerkungen zum Wohnungsbau befassen sich nur mit den dreizehn verschiedenen Typen von Häusern, die von den ursprünglichen Planern selbst oder unter ihrer Aufsicht entworfen und von der Regierung gebaut wurden. Die vielen von privater Seite gebauten Häuser bleiben unberücksichtigt. Wir studierten Häuser aller dreizehn Typen, beobachteten die Bewohner und sprachen mit ihnen.

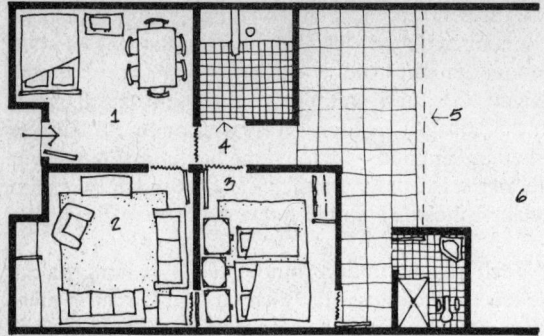

Chandigarh, Indien, Wohnhaus für Familien
mit mittlerem Einkommen, Grundriß
1. Ursprünglich Empfangs- und Wohnraum,
jetzt Aufenthaltsraum und Schlafzimmer
2. Ursprünglich erstes Schlafzimmer, jetzt
Empfangsraum
3. Zweites Schlafzimmer mit eingebautem
Kleiderschrank (letzterer jetzt Schrein für
den Hausaltar)
4. Küche mit eingebauter Arbeitsfläche
5. Veranda mit von den übrigen Räumen
getrennter Toilette
6. Ummauerter Hof

Das Folgende ist eine Zusammenfassung einiger Probleme, die sich
nach unseren Beobachtungen ergeben oder von denen uns berichtet
wurde.

Je reicher der Bewohner, das ließ sich ganz allgemein feststellen,
desto eher durfte man von ihm erwarten, daß ihm das Haus im großen
und ganzen gefiel. Entweder war er wirklich mit dem Haus, der Anordnung der Räume, der Grundausstattung zufrieden, oder er war sich
der Tatsache bewußt, daß Chandigarh von einer bedeutenden Persön-
lichkeit entworfen wurde und nahm, gedrängt von der in Indien üblichen Autoritätshörigkeit, das Haus mit einem Gefühl respektvoller
Dankbarkeit an. Die Bewohner des Hauses zum Beispiel, das nachfol-
gend im Detail beschrieben wird, klagten in keiner Weise über ihr
Haus, obwohl sie alles umgebaut hatten, um in ihrer Wohnung so leben zu können, wie es ihren Wünschen und Vorstellungen entsprach.

144

Wenn sie sich zufrieden gaben, so war das in gewisser Weise verständlich, denn sie waren Regierungsbedienstete, und selbst der Hund schnappt gemeinhin nicht nach der Hand, die ihn füttert. Chandigarh hat zudem einige neuzeitliche Annehmlichkeiten zu bieten, die in der westlichen Welt längst Selbstverständlichkeiten sind, in Indien aber zu den Raritäten zählen. Die am meisten gepriesenen Annehmlichkeiten dieser Art waren wohl das verdeckte Abwässersystem und die Toiletten mit Wasserspülung.

Der Grundriß des Hauses zu ebener Erde ist einfach: Die Eingangstür öffnet sich in das Wohnzimmer, nebenan liegen zwei Schlafzimmer hintereinander, zwischen dem zweiten Schlafzimmer und der gegenüberliegenden Küche führt ein Korridor zur Veranda auf der Rückseite des Hauses. Ein kleiner Raum an der Veranda, abgetrennt von den übrigen Räumen des Hauses, wie es dem Verlangen der Inder nach Reinlichkeit und Hygiene entspricht, bildet die Toilette. Wir entdeckten, daß nur zwei der Räume ganz so genutzt wurden, wie es der Entwurf vorgesehen hatte, nämlich das zweite Schlafzimmer und die Veranda samt Toilette.

Die Wohnung des Inders ist sein Privatbezirk. Betritt jemand das Haus, der nicht zum weiteren Kreis der Familienangehörigen zählt, muß das Privatleben der Familie geschützt bleiben. Der als Arbeitszimmer bezeichnete Raum, in dem man den Gast empfängt, muß zumindest optisch vom Privatbereich der Familie getrennt sein. Nach dem Grundriß des Hauses umfaßte der Wohnbereich der Familie die Küche, die beiden Schlafzimmer, die Veranda samt dem angrenzenden kleinen Hof und das Bad – also alle Räume, die im traditionellen Haus der indischen Familie zum Bereich der Hausfrau gehören. Die Bewohner des Hauses fanden schon zu Anfang, daß der Raum hinter der Eingangstür, Wohn- und Empfangsraum zugleich, zuviel Einblick in den Familienbereich gewährte. Dem hatten sie mit einer Umdisposition abgeholfen: das erste Schlafzimmer diente jetzt als Empfangsraum, die Verbindungstür zum zweiten Schlafzimmer war mit einer Holzverkleidung abgedeckt. Der Gast wurde noch immer durch das ursprüngliche Empfangszimmer ins Haus geführt, doch sobald er sich im nunmehrigen »Arbeitszimmer« niedergelassen hatte, konnte man den Vorhang zuziehen, und die Familie blieb ungestört. Die Familie räumte ein, daß sie,wäre das Haus ihr Eigentum, die ursprüngliche Eingangstür zusetzen und einen neuen Eingang direkt in das nunmehrige Empfangszimmer anlegen würde.

Das ursprüngliche Wohn- und Empfangszimmer hatte nunmehr die

Was als eingebauter
Kleiderschrank schon
fast für ein Statussymbol
gelten konnte, dient jetzt
als Schrein für den
Hausaltar

Was als Arbeitsfläche für
die Hausfrau geplant
war, dient jetzt als
Abstellregal

Funktion des verlorenen Schlafzimmers übernommen, hier schliefen der Großvater und der dreizehnjährige Sohn der Familie in einem großen Bett. Im zweiten Schlafzimmer schliefen das Ehepaar und die elfjährige Tochter in einem Bett, daneben auf einer Matte das einjährige Baby.

Es gab in dem Haus keine verschließbare Nische für den Familienaltar, darum hatte die Familie den eingebauten Kleiderschrank im zweiten Schlafzimmer für diesen Zweck umfunktioniert, ihre Kleider hingen nun an in die Wand eingeschlagenen Haken oder lagen in Kästen, die an der Wand aufgestapelt waren.

Die kleine Küche war nur für die Zubereitung der Speisen vorgese-

Was als besondere Zierde des Hauses geplant war, das durchgehende zimmerhohe Fenster zur Straße, ist jetzt ein verglaster und mit Pappdeckeln zugeklebter Mauerdurchbruch

hen, doch traditionsgemäß ißt die Familie auch dort, wo gekocht wird. Unglücklicherweise war die Küche so eng, daß sich die Familie darin nicht zum gemeinsamen Mahl niederlassen konnte, und so aßen sie nun in Schichten. Als Randbemerkung sei noch notiert, daß die Chapati, das indische Leibgericht, frisch vom Herd weg gegessen werden müssen und daß die Hausfrau, hat sie keine Dienerschaft, nur am gemeinsamen Mahl teilnehmen und dabei frisch gekochte Chapati servieren kann, wenn die Familie eben in der Küche ißt.

Die Küche besaß hier wie in den anderen Häusern eine fest eingebaute Arbeitsfläche, auf der auch der Petroleumherd stehen sollte. Im allgemeinen werden diese Arbeitsflächen nicht genutzt, der kleine

147

New Delhi, Wohnquartier – die großen
Familienwohnhäuser schließen sich nach
außen ab, eine Gartenterrasse, ein Garten
mit Gartenzaun, ein Vorgarten, wie sie zu
jeder teurerern Wohnung in Europa und
Amerika gehören, werden hier nicht
gebraucht und nicht genutzt, das Familienleben spielt sich im Hause ab

Herd steht am Boden – versteht sich, daß der Fußboden stets makellos
saubergehalten wird – und die Hausfrau kauert davor, während sie
kocht. Die Familie ißt ebenso von Tellern, die am Boden stehen. In
mehr »verwestlichten« Haushalten gibt es auch Eßtische und Stühle,
doch selbst dort verzichtet man noch traditionsgemäß und eigentlich
recht vernünftig auf das Essen mit Messer und Gabel. Auf unsere Fragen erzählte man uns meist, daß der Eßtisch nur benutzt wurde, wenn
Gäste kamen, auf die man unbedingt Eindruck machen wollte.

Was der Inder unter seinem Privatleben versteht, ist für den Amerikaner oder Europäer oft recht rätselhaft. So wohnte zum Beispiel ein
Inder, Mitarbeiter des Planungsstabs und hoher Beamter, in einem der

größeren, nach westlichen Maßstäben entworfenen Häuser, in denen die Familie drei großzügig geschnittene Schlafzimmer zur Verfügung hat. Doch das Ehepaar schlief in dem einen Schlafzimmer, seine vier Kinder, zwei Jungen und zwei Mädchen im Teenageralter, im zweiten, und das dritte stand leer. Derartige Dinge sind schwer zu verstehen für Menschen aus einer Welt, in der die Kinder oft schon ein eigenes Zimmer haben, wenn sie noch in den Windeln liegen.

Wie sehr die Architekten die Lebensweise der indischen Familie und die indischen Vorstellungen vom Privatleben mißverstanden haben, dafür liefert die Planung von Chandigarh eine ganze Reihe von Belegen. So besaßen manche Häuser schicke, schmale, vom Boden bis zur Decke durchgehende Fenster. In vielen Fällen haben die Bewohner diese Fenster zugeklebt – das Wohnzimmer und vor allem das Schlafzimmer sind Sanktuarien des Privatlebens, und daß ein Fremder durchs Fenster hereinschauen könnte, ist ein höchst unangenehmer Gedanke.

Ursprünglich waren die Häuser in den als Wohnbezirke angelegten Sektoren nur für jeweils eine Familie geplant, doch die Architekten und Planer selbst mußten bereits zugeben, daß man sich niemals an diese Begrenzung gehalten hat. Wiederum sind hier die Gründe für eine andere als die vorgesehene Nutzung nicht leicht zu finden, doch wenn jetzt in Häusern, die für eine Familie bestimmt waren, drei oder vier Familien leben, so hat das wohl auch zu einem nicht unbeträchtlichen Teil mit der besonderen Art des Privatlebens zu tun.

Der Amerikaner oder Europäer würde diese anscheinende Überbelegung unwillkürlich auf eine wirtschaftliche Zwangslage zurückführen und annehmen, daß die Mieter Räume in ihren Häusern untervermieteten, weil sie eben Geld brauchten. Doch Chandigarh ist nach indischen Maßstäben eine wohlhabende Stadt, deren Einwohner in relativ gesicherten Umständen leben. Außerdem sind es nicht die Mieter der kleineren und einfachen Häuser, die untervermieten, sondern die Mieter aus den mittleren Schichten, die in den größeren Häusern wohnen. Sicher mögen bis zu einem gewissen Grad finanzielle Gründe eine Rolle spielen, doch das kann nicht alles sein. Im Westen gelten, was das Haus und die Wohnung angeht, andere Wertvorstellungen. My home is my castle, erklärt der Engländer, und der Deutsche weiß seit alters, daß eigner Herd Goldes Wert ist. Die Familie besitzt das eigene Haus oder die eigene Wohnung, die sie nur in der äußersten Not mit anderen Menschen teilen würde. Einen Untermieter aufnehmen – das ist bei den mittleren Einkommensschichten nicht üblich, das ist das deutliche Anzeichen einer bedrängten Lage. Ich glaube, daß die Untervermietung in Chandigarh so gang und gäbe ist, weil in Indien von jeher große Familien auf engem Raum zusammengelebt haben. Die Vorstellungen vom Familienleben und vom privaten Bereich sind in Indien anders, das Privatleben wird durch die räumliche Enge im Haus und das Zusammenleben mit anderen nicht beeinträchtigt.

## Stadtbild

Ihre Rechtfertigung muß die moderne Ideologie darin finden, daß sie den Menschen etwas gibt, das erkennbar »besser« ist. Doch das bedeutet nicht allein, daß eine Kanalisation angelegt und jedes Haus mit sanitären Installationen ausgestattet wird, das bedeutet auch, daß die Lebensqualität ganz allgemein gefördert oder zumindest doch nicht beeinträchtigt wird, jene nicht genauer zu beschreibende Lebensqualität eben, die so viele konkrete und doch nicht konkret zu erfassende Elemente des Daseins umfaßt und letztlich mit der Würde des Menschen zusammenhängt. Die Planung von Chandigarh ist in vielerlei Hinsicht an den wahren Bedürfnissen der Bewohner vorbeigegangen, aber unter den einzelnen Punkten, die aufzuzählen sind, hebt sich einer vor allen anderen heraus: Die Planung hat versagt, weil die Stadt einfach nicht indisch ist. Ihre Freiflächen sind zu offen, ihre Straßen zu breit. Das Stadtgebiet, in Indien traditionsgemäß von der Bevölkerungsdichte geprägt, ist in dreißig einzelne Inseln zerspalten, in denen zu wenig Menschen wohnen, als daß eine großstädtische Atmosphäre entstehen könnte. Gedrängte Enge, der ständige und unmittelbare Umgang mit den anderen, so charakteristisch für das Leben in indischen Städten, kann in Chandigarh, so wie diese Stadt geplant wurde, nicht überleben – was immer an »indischen« Elementen hierher übertragen wurde, kann nicht Wurzel schlagen. Von einem Einwohner, der schon lange in Chandigarh lebt, hörten wir: »Hygienisch sind wir fortschrittlich, sozial sind wir zurückgeblieben.«

Chandigarh, Indien, Sektor 17 – eine Hauptverkehrsader, ein Fußgängerparadies

Amritsar, Punjab, Indien – eine Geschäftsstraße in der Altstadt

Der Jemen hatte noch nichts vom Einfluß der westlichen Welt zu spüren bekommen, als 1962 das absolutistische Regime des Imam gestürzt wurde. Jahrhundertelang blieb der Jemen dem Abendland verschlossen, und über Jahrhunderte hatte sich in den Städten dieser Region, zuvörderst in der Hauptstadt Sanaa, eine bodenständige, ungewöhnlich brauchbare und außerordentlich verfeinerte Architektur herausgebildet. Diese Architekturtradition wurde in dem Jahrzehnt nach der Revolution nahezu ausgelöscht.

Unmittelbar nach dem Sturz des Imam hatten die Ägypter das Land besetzt und waren dort geblieben, bis sie sich 1967 nach dem Sechstagekrieg zurückziehen mußten. Seither bezog der Jemen Wirtschaftshilfe, die vornehmlich in der Entsendung von Baufachleuten bestand, aus dem Westen ebenso wie aus dem Osten. Diese Baufachleute, woher sie auch kamen, hatten in jedem Fall eines gemein – von der Ausbildung und von der Erfahrung her kannten sie nur die modernen Konstruktionsmethoden und dachten sie nur in den Kategorien der modernen Bauindustrie. Die bestehende Architektur, ihren großartigen Reichtum konnten sie gar nicht wahrnehmen. Sie konnten noch nicht einmal an der Angemessenheit ihrer Konstruktionsmethoden zweifeln, mußten sie doch überzeugt sein, daß die Menschen in der Region sich schließlich zum Besseren bekehren, auf die Tradition verzichten und die moderne Architektur übernehmen würden. Es konnte gar nicht ausbleiben, daß diese Fachleute bald über die Schwierigkeiten klagten, die das Bauen in der rückständigen Region mit sich brachte, über die schleppende Anlieferung des benötigten Materials, und nicht zuletzt über die einheimischen Handwerker, die mit den modernen Materialien nicht umgehen konnten und mit den modernen Methoden nicht zurechtkamen.

Sosehr diese Schwierigkeiten einerseits auf den ausländischen Baufachleuten im Jemen lasteten, so brachte doch andererseits die Verwendung moderner Baumaterialien und der Einsatz moderner Bautechniken auch für das Empfängerland ganz beträchtliche Probleme mit sich.

Die modernen Techniken erforderten Fachkräfte, die es im Jemen nicht gab, und Materialien, die importiert werden mußten. Wenn eben modernes Material wie etwa Eisenbeton verwendet werden sollte, dann hieß dies nichts anderes, als daß man die Facharbeiter aus anderen Ländern herbeiholte und den besten – vor allem den kostspielig-

Sanaa, Jemen, Abdul Moghni Street –
moderne Bauten in Beton

Sanaa, Jemen – moderner Bau in Beton,
nicht allzu lange nach der Fertigstellung

sten – Teil des Baumaterials in anderen Ländern kaufte. Ausländer besetzten die besseren Stellen, bezogen die höheren Löhne und ließen ihr Geld gewiß nicht im Jemen, die Gelder für das Material flossen vorwiegend ins Ausland; ungefähr neunzig Prozent der gesamten Baukosten mußten für importiertes Material aufgewendet werden. Unterm Strich bedeutete das am Ende, daß die Baukosten das Vierfache dessen betrugen, was sie bei Anwendung der herkömmlichen Techniken der Region ausgemacht hätten.

All dies wäre noch erträglich gewesen, hätte sich das Endprodukt dann auch als besser erwiesen denn alles, was es vorher an Architektur im Jemen gegeben hatte. Doch dem war nicht so.

Die ausländischen Fachleute bauten allesamt in Eisenbeton. In Sanaa kann die Temperatur innerhalb von vierundzwanzig Stunden um fünfzehn bis zwanzig Grad Celsius schwanken. Die durch Temperaturschwankungen hervorgerufene Dehnung des Materials kann schon in einer Zone gemäßigten Klimas Probleme mit sich bringen, doch in Saana wurden diese rein klimatisch bedingten Probleme noch potenziert durch die Probleme der Betonmischung – kaum jemand konnte so recht sicher sein, daß Sand und Wasser auch wirklich frei von Fremdstoffen waren. Die einheimischen Bauarbeiter, an die traditionelle Bauweise in Stein- und Ziegelmauerwerk mit ihren viel weiteren Toleranzgrenzen gewöhnt, fanden es schwierig und eigentlich unnötig, daß sie sich an die so strikten und peniblen Vorschriften halten sollten. Sichtbare Folgen waren das Ergebnis – innerhalb weniger Monate nach Fertigstellung wiesen sämtliche Neubauten Dehnungsrisse auf, und diese waren oft nicht einfach die mehr oder minder unvermeidlichen Risse, denen man mit ein bißchen Kosmetik abhilft, sondern veritable Dehnungsfugen an der falschen Stelle, die leicht die Sicherheit der Konstruktion gefährden konnten.

Bei Verwendung der traditionellen Baumaterialien der Region hingegen bringen die Temperaturschwankungen kaum Probleme mit sich. Es gibt ein vorzügliches Beispiel für die Dauerhaftigkeit der herkömmlichen Bauten dieser Region. Als die jemenitischen Juden 1948 nach Israel aufbrachen und das Judenviertel von Sanaa räumten, erwartete man anfänglich, daß sie demnächst zurückkehren würden, und rund zehn Jahre lang blieben ihre Häuser unbewohnt und unbenutzt. Als schließlich klar war, daß sie nie mehr zurückkommen würden, übernahmen die Jemeniten das Viertel und zogen in die Häuser ein. Ein Jahrzehnt waren diese Häuser sich selbst überlassen gewesen, niemand hatte sich um sie gekümmert, niemand etwas daran getan, und dennoch war kaum etwas auszubessern oder instandzusetzen, meist genügte ein neuer Lehmaufstrich auf dem Dach. Eine solche Reparatur erfordert keine besondere Ausbildung oder große Geschicklichkeit, jeder kann sie selbst ausführen, und wer keine Zeit hat, der findet leicht einen willigen Arbeiter. Und das Material ist ebenfalls sofort zur Hand, Sand und Lehm kratzt man auf dem Hof hinter dem Haus zusammen, das Wasser liefert der Brunnen.

Bei den modernen Bauten gab es noch ein weiteres Problem: Die Innentemperatur folgte den Schwankungen der Außentemperatur, die Häuser waren Brutöfen bei Tag und Kühlhäuser in der Nacht. Es dauerte nicht lange, und die wohlhabenden Jemeniten, die sich ein modernes Haus – ein Statussymbol – zugelegt hatten, waren ausgezogen und lebten wieder in ihren alten Häusern herkömmlicher Bauweise. Ihre modernen Wohnungen vermieten sie jetzt an ausländische Besucher.

Dem Problem der Innentemperatur wäre mit Heizungs- und Klimaanlagen beizukommen gewesen, doch Anschaffung und Installation, Brennstoffbevorratung und Wartung hätten enorme Kosten verursacht. Zudem ist das System der modernen Klimaregulierung den Jemeniten völlig fremd. Sie haben sich seit den Tagen der Königin von Saba einer viel feineren Methode des Temperaturausgleichs bedient und bedienen sich ihrer noch heute – die fremden Baufachleute freilich zogen sie niemals in Betracht, wenn sie überhaupt Notiz davon nahmen.

Die Mauern des herkömmlichen jemenitischen Hauses sind besonders stark, die übliche Mauerstärke beträgt rund zwanzig Zentimeter. Ein- oder zweigeschossige Häuser werden für gewöhnlich aus Lehmziegeln aufgeführt, während bei höheren Bauten – in Sanaa können sie bis zu acht Stockwerke aufweisen – die Grundmauern und die Mauern der unteren Geschosse aus Stein, die Mauern der oberen Geschosse aus gebrannten Lehmziegeln bestehen. Der Hausbau verwendet drei verschiedene Typen von Fenstern. Einmal gibt es das gewöhnliche, rechteckig umrissene Fenster mit normalen Fensterscheiben. Der zweite Typ ist das ornamentale Fenster, der rundbogig abschließende, ein- oder zweiteilig gearbeitete und mit den unterschiedlichsten Dekormustern durchbrochene Gipsschirm, mit farbigem Glas eingelegt, der für sich stehen oder über dem ersten Typ, dem normalen Fenster, angeordnet sein kann. Der dritte Typ schließlich ist ein einfaches kleines, mit einer Klappe zu verschließendes Loch in der Außenmauer, das nicht größer als zehn mal dreißig Zentimeter sein muß. Der ein-

Sanaa, Jemen, Wohn-
haus – ein Neubau in
traditioneller Bauweise

zelne Raum kann eine ganze Reihe von Fensteröffnungen dieses Typs
aufweisen, die in unterschiedlicher Höhe weiter oben oder weiter un-
ten an der Wand angeordnet sind. Mit ihrer Hilfe werden Luftzufuhr
und Raumtemperatur geregelt, indem man je nach Bedarf die Klap-
pen öffnet oder schließt. Ein Element der Baukonstruktion sorgt mit
Hilfe eines Verschlusses für die Ventilation – eine durchaus wirksame
Methode. Bei Messungen in einem einstöckigen Lehmziegelhaus ergab sich, daß über einen Zeitraum von vierundzwanzig Stunden die
Innentemperatur sich nur um ein Grad Celsius änderte, während sich
die Außentemperatur um dreißig Grad änderte; die Raumtemperatur
hielt sich ziemlich konstant bei etwa siebenundzwanzig Grad Celsius.

Sanaa, Jemen, Wohn-
haus – ein Neubau in
moderner Bauweise

Sanaa, Jemen, mehrgeschossige Wohnhäuser – in der traditionellen Bauweise
werden bei mehrgeschossigen Häusern
Stein für die unteren, Ziegel für die oberen
Stockwerke verwendet

Hervorzuheben ist dabei, daß Sanaa mit seiner traditionellen Architektur keineswegs eine museale Stätte ist. Seinen ungewöhnlichen Bauten gesellen sich Tag für Tag weitere Nachbarn hinzu. Die Kenntnisse und Fertigkeiten der Erbauer dieser Häuser sind nicht verloren, obwohl sie während des Jahrzehnts der Bauwut, da sich das Land der Moderne verschrieben hatte, fast erloschen schienen. Es ist ein Glück für den Jemen, daß seine Architekturtradition heute nicht mehr so sehr von der Vernichtung bedroht ist. Das ist das Verdienst eines Fachmanns des Städtebaus, Alain Bertaud, der im Auftrag der Vereinten Nationen von 1970 bis 1973 im Jemen arbeitete. Während dieser drei Jahre hat Bertaud die Jemeniten wieder mit den technischen und ästhetischen Werten ihrer eigenen Architektur vertraut gemacht.

Es war ein kluger Schachzug Bertauds, daß er sich sofort ein Haus im traditionellen jemenitischen Stil baute. Daß Bertaud mit seiner Familie in einem der üblichen Häuser in Lehmziegelbauweise wohnte, und daß andere Ausländer kamen und das Haus gut fanden, war etwas Neues und Überraschendes für die Jemeniten. Zum erstenmal trat hier ein Fremder auf, der ins Land gekommen war, um ihnen zu sagen, wie sie wohnen und leben sollen, und zeigte ihnen, daß es schon richtig war, wie sie wohnten und lebten. Die psychologische Wirkung dieser ungewöhnlichen Erfahrung ist gar nicht zu überschätzen. Bald waren auch Regierungsmitglieder und andere einflußreiche Männer im Jemen bereit zuzugeben, daß sie die fremden Häuser niemals wirklich gemocht hätten. Sie hatten sich einschüchtern lassen, weil man ihnen suggeriert hatte, daß sie sich eigentlich ihrer eigenen Häuser schämen müßten, und weil sie die Verachtung der Fremden fürchteten, würden sie ihrer traditionellen Lebensweise den Vorzug geben vor dem neuen Lebensstil.

Die noch in den Anfängen steckende und schon so ermutigende Renaissance der jemenitischen Architektur erlaubt einen ungewöhnlichen Einblick in einen Prozeß der Unterminierung, der sonst unmerklich vor sich geht, bis es zu spät ist zur Besinnung. Als die Fachleute in den Jemen kamen, bot ihnen das Land seinen reichen Schatz an praktischen, billigen und in beliebiger Menge verfügbaren Baumaterialien, dazu die geschulten Handwerker, die kunstreich damit umzugehen wußten. Doch die aufmerksamen und erfahrenen Fachleute bedienten sich ihrer nicht, sie wußten nichts damit anzufangen. Das mag sich zum Teil erklären aus jenem in der westlichen Welt noch immer lebendigen mythischen Glauben an die Moderne, der Technologie gleichsetzt mit Fortschritt. Er hat die Menschen so in seinen Bann gezogen, daß sie

Sanaa, Jemen, Wohn-
raum in einem mehr-
geschossigen Haus

Sanaa, Jemen, Haus
Bertaud

mechanisch nur noch die modernen Lösungen als vertraut und richtig anerkennen, statt sich zu fragen, ob nicht vorhandene und hilfreich angebotene Lösungen besser wären als das, was die Moderne anzubieten hat. Es ist diese Einstellung, die dazu geführt hat, daß die bodenständige Architektur so vieler Länder niemals als eine mögliche Lösung auch für die Gegenwart mit ihrer Wohnungsnot in Betracht gezogen wurde und nur noch auf einer Stufe mit archäologischen Sehenswürdigkeiten und touristischen Attraktionen ein Schattendasein führt.

Schoben die fremden Architekten in Sanaa das Angebot der einheimischen Werkleute und der einheimischen Bauweise rücksichtslos beiseite, so hatte ihre Arroganz noch eine weitere, tragische Auswirkung. Indem sie die hochentwickelte, lebendige Architektur des Landes verächtlich abtaten, verurteilten sie diese in den Augen der Jemeniten. In Europa oder Amerika fühlt wohl jedermann ein bißchen Stolz, wenn die materiell weniger glücklichen Länder dieser Erde mit Neid auf die technischen Errungenschaften und den allgemeinen Wohlstand blicken. Die neuartigen Erfindungen und Entwicklungen sind faszinierend und verführen die Uneingeweihten anderswo in der Welt leicht dazu, daß sie ihre alten, gewohnten Lebensweisen für hoffnungslos rückständig halten. Die Europäer und Amerikaner ihrerseits lassen sich davon gern täuschen und nehmen für Zustimmung, was doch nur Staunen und Bewunderung ist, um diese vermeintliche Zustimmung ganz selbstverständlich als einen weiteren Beweis dafür auszulegen, daß der Westen mit Fug und Recht seine eigene Lebensweise überall in der Welt verbreitet – zum Wohle der Menschen. Die Jemeniten bewunderten diese phantastischen Leistungen und bemerkten dabei gar nicht, daß das importierte Material und die importierte Architektur ebenso teuer wie unnötig waren.

Doch die Zeichen des Widerspruchs, der Rebellion mehren sich. Von der Bundesrepublik Deutschland erhielt Sanaa 1973 einen modernen, komplett ausgerüsteten Flughafen. Als aber die Jemeniten entdeckten, daß der Flughafen nicht nur über moderne Ausrüstung verfügen, sondern auch modern aussehen sollte, erhob die Regierung Einspruch. Die Deutschen weigerten sich natürlich, die Baupläne zu ändern und das Flughafengebäude im traditionellen jemenitischen Stil zu bauen. Kaum aber waren die Arbeiten abgeschlossen, da rückten die Jemeniten an und ummantelten den Bau aus Stahl und Glas mit Steinmauerwerk in der traditionellen jemenitischen Weise, komplett mit Dekormotiven.

# V. Schlußfolgerung

*Das Weiterleben des Modernismus*

Die Glaubensgrundsätze des Modernismus haben sich gehalten, trotz aller periodisch wiederkehrenden Beteuerungen, daß dem nicht so sei. Architekten folgen noch immer Idealen des neunzehnten Jahrhunderts und lassen sich von Prinzipien des neunzehnten Jahrhunderts leiten. Der alte messianische Glaubenseifer ist noch immer lebendig und wird genährt von Architekten, deren Argumente von grundsätzlich den gleichen, a priori angenommenen pseudo-ethischen Prinzipien ausgehen. Die meisten Architekten wollen weiterhin aller Welt ihre Vorstellungen von Schönheit und sozialer Wahrheit aufzwingen, sie wollen kaum einmal eingestehen, daß ihre Art zu bauen vielleicht nicht die einzig mögliche sei. Ruth Benedict, die amerikanische Sozio-Anthropologin, sprach vor dreißig Jahren in ihrer Studie über die Kultur Japans, »Die Chrysantheme und das Schwert«, genau dieses Problem an[30]:

»(Die) Protagonisten der Einen Welt haben ihre Hoffnung darauf gesetzt, daß sie die Leute aus jeder Ecke der Erde davon überzeugen könnten, daß alle Unterschiede zwischen Ost und West, Schwarz und Weiß, Christlich und Mohammedanisch nur oberflächlich sind und daß die ganze Menschheit wirklich aus Gleichgesinnten besteht. ... Manchmal scheint es, als ob die Zartbesaiteten eine Lehre des good will einzig und allein auf einer Welt von Völkern aufbauen können, die eines wie das andere ein Abzug vom gleichen Negativ sind. Aber eine solche Gleichförmigkeit als Bedingung für die Achtung vor einer anderen Nation zu fordern ist genau so neurotisch, als wolle man sie von der eigenen Frau oder von den eigenen Kindern fordern. Die Hartgesottenen bescheiden sich damit, daß Unterschiede nun einmal bestehen ...«

Das Problem ist nicht etwa, daß die Architekten keine Möglichkeit hätten, verläßliche Information über die Wertvorstellungen anderer Menschen zu erhalten. Das Instrumentarium zur Erkenntnis sozialer Gegebenheiten, die sich auf Formverständnis, Formgefühl und Formgebung beziehen, ist vorhanden und wird ständig verfeinert, doch die meisten Architekten wollen sich seiner nicht bedienen. Die Anwendung der daraus gewonnenen Kriterien könnte vielleicht die Autorität des Architekten in einem Punkt seines Glaubensbekenntnisses in Frage stellen, an dem es bislang nichts zu rütteln gab – seinem Wissen um die Art, in der die Menschen leben wollen. Das Problem wird noch weiter kompliziert durch jene merkwürdige Eitelkeit, die einen Menschen glauben läßt, daß auch die anderen seine Wertvorstellungen teilen und gern so leben würden wie er, hätten sie nur die Chance.

Zur Bestärkung dieser Empfindung sollen dann auch noch Überlegungen beitragen. Die Ergebnisse von Verhaltensstudien sind doch recht undeutlich und verschwommen, so glaubt man gern, und sie sind es ganz besonders im Vergleich zu den präzisen Berechnungen des Ingenieurs. Den Ingenieur umgibt eine Aura der reinen Wissenschaft, da er nun einmal mit meßbaren Gegenständen und Fakten wie etwa der Kurbelwelle des Achtzylinders oder der Druckbelastung pro Quadratzentimeter zu tun hat. Verhaltensstudien dagegen bringen nur ungenaue Ergebnisse, der Wunsch, im Haus auch eine Verbindung mit der Straße zu »verspüren«, ist nicht quantifizierbar, selbst die besonderen Eigenschaften einer solchen Verbindung lassen sich unterschiedlich auslegen. Die Ergebnisse der Verhaltensforschung werden niemals so präzis sein wie die Information aus anderen Wissensgebieten, wie etwa die Nutzlast oder die Geschwindigkeit beim Aufprall, denn das Sozialverhalten ist nun einmal von unendlich vielfältiger und wandelbarer Natur – der Mensch verhält sich anders als Eisenbeton oder Chromstahl. Es könnte in der Tat gefährlich sein, »wissenschaftlich exakte« Daten über das Sozialverhalten herauszuarbeiten, doch schon heute können die Verhaltensforscher mit Informationen und Erkenntnissen arbeiten, die in ihrer Genauigkeit und Schlüssigkeit zumindest den Berechnungsgrundlagen vergleichbar sind, die den Erbauern der ersten großen Eisenbrücken und der ersten Hochhäuser zur Verfügung standen.

*Der Architekt in der Zwickmühle*
*Eine Frage des Stils*

Ist einmal entschieden, daß unterschiedliche soziale Verhaltensweisen in der Architektur zu berücksichtigen sind, dann bleibt die Frage, wie das betreffende Gebäude aussehen soll und welches die Kriterien sein sollen, die eine jeweils korrekte Wahl der das Aussehen bestimmenden Gestaltungsprinzipien ermöglichen. Die Entscheidungen der Modernisten über das Aussehen gründeten auf pseudo-ethischen Kriterien und auf poetisch verklärten Gedankenverbindungen mit der Welt des Ingenieurs und der Technik. Doch das Aussehen eines Gebäudes hat viel zu nachhaltige Auswirkungen, als daß man darüber mit Sinnsprüchen und Gedankensprüngen entscheiden könnte.

Alte Gebäude und alte Städte sind unschätzbare Repositorien eines visuellen Erbes, sie erwecken Gedankenverbindungen, die unabdingbar zum Leben des Menschen und der Gesellschaft gehören. Dies ist ein lebendiges Erbe, und es ist zu wertvoll, um einfach verächtlich abgetan zu werden.

Eine recht bekannte Designerin hielt sich vor einiger Zeit in Bagnols-sur-Cèze auf, einer kleinen mittelalterlichen Stadt in Frankreich, und machte dort in einem neuen, modernen Stadtteil Aufnahmen. Da trat ein Fleischer aus seinem Laden, hielt sie an und fragte verwundert, warum sie denn hier in dieser Ecke Aufnahmen mache: »Kommen Sie, ich werde Ihnen den schönen Teil unserer Stadt zeigen!« Sprach's, machte seinen Laden zu und führte sie zwei Straßen weiter in die Altstadt. »Hierher«, erklärte er voller Stolz, »gehe ich am Sonntag mit meiner Familie, es ist unser Sonntagsvergnügen.«

Noch immer gibt es überall auf der Welt viele schöne alte Städte, die nicht dem Modernismus zum Opfer fallen müssen. Es ist ein Fehler, wenn man als selbstverständlich annimmt, daß eine alte Stadt geopfert werden muß, damit eine neue, moderne, zeitgemäße Stadt entstehen kann. Oft bedarf es nur vergleichsweise geringer Verbesserungen, manchmal genügt vielleicht schon der Bau eines neuen, modernen, zeitgemäßen Entwässerungssystems. Das äußere Erscheinungsbild der älteren Häuser muß nicht unbedingt in »zeitgemäßen Formen« umgestaltet werden.

Wenn die Rahmenrichtlinien für das äußere Erscheinungsbild des Gebäudes genauer durch den optischen Zusammenhang oder die sozialen Hinweise seiner ikonographischen Bezugnahme bestimmt werden sollen, dann muß zuvörderst der Begriff der »Originalität« neu bestimmt werden. Im gegenwärtigen Verständnis hat die Originalität oder die Kreativität ein Stadium erreicht, in dem sie mit der Erschaffung von etwas »Neuem« oder etwas »Anderem« gleichgesetzt wird. Den Entwurf so anzulegen, daß er sich einfügt, statt daß er heraussticht – das scheint schon ein furchtbares Opfer zu sein, das der Architekt oder der Designer da bringt. Doch umgekehrt wird ein Schuh daraus. Hier wird nur eine Vertauschung der Grundregeln sichtbar, die ästhetischen Prinzipien, die an Ort und Stelle vorgegeben sind, haben die ästhetischen Prinzipien des Architekten ersetzt. Statt sich durch seine eigenen, engumrissenen Vorstellungen von einer ansprechenden Gestaltung leiten zu lassen, schiebt der Architekt jetzt andere, vielleicht ebenso engumrissene Vorstellungen als Richtlinien für die äußere Gestaltung vor. Er legt den Entwurf so an, daß er sich den Wünschen und Neigungen der Auftraggeber und zukünftigen Nutzer des Gebäudes anpaßt.

Das bedeutet nicht, daß die Architekten notwendigerweise Faksimiles nach historischen Vorbildern produzieren müssen, selbst wenn das durchschnittliche traditionell gestaltete Gebäude in einem traditionellen Zusammenhang oft besser aussieht als das durchschnittliche modern gestaltete Gebäude in dem gleichen traditionellen Zusammenhang. Einige moderne Bauten fügen sich in ihre Umgebung ein, ohne daß sie ihre Modernität leugnen oder aufgeben. Eero Saarinen ist es mit seinen Studentenhäusern für die Yale University gelungen, noch einen Hauch der akademischen Gotik ihrer älteren Nachbarn einzufangen, ohne diese zu kopieren. Lodovico Belgiojoso und seine Partner haben mit ihrer Torre Velasca in Mailand bewiesen, daß selbst ein moderner Bau, der mit seinen riesigen Abmessungen alles in seiner Umgebung übertrifft und hoch über alles hinausragt, die Silhouette einer alten, traditionell bebauten Stadt bereichern kann. Andere Bauten, die nicht in diesem Maße durch Veröffentlichungen berühmt geworden sind, lassen sich überall finden, doch sie sind leider die Ausnahme von der Regel. Nur selten reiht sich ein modernes Gebäude in seine Umgebung ein, statt daß es durch seine Modernität hervorsticht.

Sanaa, Jemen – einige der Häuser stehen
schon seit Jahrhunderten, andere wurden
erst vor einem Jahr errichtet, wieder andere
vielleicht erst kürzlich umgebaut

Alexandra, Va. – den alten Häusern aus dem achtzehnten Jahrhundert im Hintergrund haben sich moderne Häuser aus jüngster Zeit hinzugesellt

Yale University, Stiles and Morse Colleges, Architekt Eero Saarinen, 1962

Mailand, Torre Velasca, Architekten
Belgiojoso, Peressutti und Rogers/Studio
BBPR, 1958

Venedig, Palazzo am
Canal Grande – ein
moderner Anbau an
einem alten Gebäude
muß keineswegs zur
Disharmonie im
Gesamtbild führen

Acapulco, Princess Hotel, Architekt
William Rudolph Associates, 1971 – die
Stufenpyramide, Kultstätte des alten
Mexiko, als symbolische Form für eine
Kultstätte der modernen Geschäftswelt

Alexandra, Va., Wohnhaus von 1782 mit
modernem Anbau – der Anbau mit dem
traditionellen Motiv des großen ›Fächer‹-
fensters fügt sich harmonisch zu den
strengen Formen des Altbaus vom aus
England überkommenen Typus des
georgianischen Wohnhauses, Architekt des
Anbaus David R. Rosenthal, 1967

Die jamaikanische Architektur des ausgehenden achtzehnten und frühen neunzehnten Jahrhunderts hatte aus übernommenen Elementen der abendländischen Architektur eigene Formen entwickelt, an die sich der Entwurf des Wohnhauses in Silver Sands auf Jamaika anlehnt, Architekt des Wohnhauses Brent C. Brolin, 1969

New Haven, Conn., Wache Goffe Street
der Feuerwehr und Fabrikgebäude – der
Neubau für die Feuerwehr paßt sich den
umgebenden Gebäuden an, verwendet die
gleichen Baumaterialien und folgt den
gleichen Gestaltungsprinzipien, übersetzt
sie aber in eine moderne, klare, sachliche
Architektursprache, Architekt der Wache
Robert Venturi, 1975

Die Architekten pflegen die Schuld, wenn dem modernen Stil die Anerkennung versagt bleibt, der Ignoranz zuzuschreiben, die nichts weiß von Schönheit, von funktionellen Erfordernissen, vom Geist der Zeit. Sie wollen nicht einsehen, daß dies eher auf das Versagen der Architekten zurückzuführen ist, die nicht erkennen, daß ihre Ideale selten mit den altgewohnten Symbolen und Wertvorstellungen der Allgemeinheit übereinstimmten.

Es ist leicht, sich über die Dinge zu erheben und zornig festzustellen, daß das Desinteresse der breiten Öffentlichkeit an der modernen Architektur oder gar die Ablehnung nur vom schlechten Geschmack der Mittelschicht zeugt. Wenn man auf die Leute herabschaut, erspart man sich den irritierenden Gedanken, daß sie vielleicht ästhetische und gesellschaftliche Vorstellungen und Vorlieben haben könnten, die ebensoviel Beachtung verdienen wie jene des Anhängers der modernen Architektur, der sich für sein Haus am Strand von Long Island etwas Besonderes, etwas Blendendes, etwas ganz und gar anderes wünscht. Der Jet-Set mag sich herablassend geben, doch für den Architekten ist das wohl nicht ganz die richtige Art.

Maler können, wenn sie wollen, das Auge und den Verstand herausfordern, aber sie zwingen dabei nicht automatisch allen Betrachtern ihre eigene Sicht der Welt auf. Ihre Bilder hängen in einer Galerie oder in einer Wohnung, und die Leute können sie anschauen oder auch nicht, ganz nach Belieben. Architekten sind in einer anderen Lage, denn die Leute können sich nicht so leicht aussuchen, wo sie arbeiten, wo sie wohnen oder was sie sehen, wenn sie durch die Straßen gehen.

Es gibt wenig Dinge, auf die der Architekt wirklich mit seinem Handwerk einwirken kann. Er kann nicht eine visuelle Ordnung erschaffen, indem er einen spontanen und stimmigen Stil für die Zeit entwirft, und er kann nicht die Familienstruktur ändern, indem er die Wände im Haus fest einbaut oder sie flexibel macht. Der Versuch einer Erziehung durch die Architektur, jetzt schon fast sechzig Jahre alt, ist gescheitert. Der Architekt kann sich nicht länger an den Glauben halten, daß er Menschen auf eine höhere moralische Stufe erhebt, wenn er sie zu seinen ästhetischen Wertvorstellungen bekehrt.

Der Architekt kann nur über zwei Dinge relativ eindeutig bestimmen, nämlich: 1. Ob der Bau sich harmonisch in seine Umgebung einfügt oder in Konflikt mit der Umgebung gerät, und 2. ob der Bau der

Lebensweise der Menschen, die ihn nutzen müssen, gemäß ist oder ihr widerspricht.

Bis vor kurzem neigten Länder, die ihre Industrialisierung anstrebten, noch dazu, die westliche Kultur als ein Zeichen des Fortschritts zu übernehmen, und wollten fast alles haben, was aus dem Westen kam, mit einem Heißhunger, den der Westen als einen überzeugenden Beweis seiner kulturellen Überlegenheit ansah. Die gewohnten, traditionellen Lebensformen schienen zu verblassen im Licht der Verheißungen, die von dem immensen materiellen Wohlstand und den technologischen Errungenschaften auszugehen schienen.

Mehrmals haben schon die ersten zwei oder drei Generationen in Amerika so viel von der Vergangenheit abgeschüttelt, wie sie nur konnten, während die nachfolgenden Generationen im Gefühl des Verlustes aus den spärlichen noch fortlebenden Kenntnissen und den Erinnerungen an das Verlorene die Bräuche und Fertigkeiten der Altvorderen zu rekonstruieren suchten.

Als ich aus dem Jemen zurückkehrte, lernte ich einen Amerikaner kennen, dessen Großeltern aus dieser Region eingewandert waren. Er war von den Dingen und den Fotos beeindruckt, die ich mitgebracht hatte. Sichtlich bewegt sagte er mir, wie sehr er wünsche, mehr über die eigene Vergangenheit zu erfahren, eine Vorstellung von dem Land zu gewinnen, von dem seine Vorfahren ausgegangen waren. Doch als er sich dann bemühte, einen Vortrag vor der jemenitischen Gemeinde in Brooklyn zu arrangieren, auf dem ich meine Lichtbilder zeigen sollte, vermochte er den Jemeniten der älteren Generation nicht das mindeste Interesse zu entlocken. Die Eltern wollten von der Vergangenheit nichts wissen, während ihre Kinder danach suchten.

Zweifellos gibt es gute Gründe dafür, daß die Menschen in traditionsgebundenen Gesellschaften nach Veränderungen verlangen, daß sie etwa eine Verbesserung der medizinischen Versorgung und eine Kapazitätserhöhung in der Nahrungsmittelproduktion fordern, und solche Verbesserungen werden dann ebenso zweifellos zu weiteren Veränderungen führen. Doch wenn sich das althergebrachte äußere Bild der Welt, in der diese Menschen leben, in einem gewissen Maß ändern muß, weil eine Modernisierung unumgänglich ist, dann sollten diese Veränderungen nicht Maß und Ziel vermissen lassen, sie sollten sich soweit wie möglich der traditionellen Lebensweise der Menschen anpassen, die dort stets gelebt haben und weiter leben wollen.

Was immer auch die Propheten des Wandels sagen, die Tradition lebt fort. Noch der Verlauf der Industrialisierung selbst wird heute durch soziale Mechanismen der vorindustriellen Zeit beeinflußt und modifiziert.

Viele Beobachter, zu denen auch Karl Marx gehörte, hatten einst angenommen, daß Indien erst das Kastensystem werde abschaffen müssen, bis es den Schritt in die Neuzeit tun könne. Doch Lloyd und Susanne Rudolph belegen mit ihrer Studie über »Die Modernität der Tradition«, daß Indien, nachdem selbst dreihundertfünfzig Jahre britischer Herrschaft das Kastensystem nicht abzuschaffen vermochten, dennoch längst den Anschluß an das Industriezeitalter gefunden hat. Die beiden Wissenschaftler weisen darauf hin, daß das Kastensystem geradezu von Vorteil für die Entwicklung war, da es die Gesellschaft in eindeutig festgelegte Schichten mit jeweils gemeinsamem Hintergrund und gemeinsamen Interessen einteilte, Schichten, die sich zum rechten Zeitpunkt als relativ leicht zu mobilisierende Interessengruppen einsetzen ließen. Diese durch die gemeinsame Kaste zusammengehaltenen Interessengruppen waren dann ihrerseits in der Lage, Reformen durchzusetzen, zu denen in einigen Fällen auch eine Milderung der Unterdrückung der niederen Kasten gehörte.

Japan wird wegen seines phänomenalen industriellen Wachstums nach dem Krieg oft als eines der am stärksten »verwestlichten« Länder bezeichnet, wobei stets die Vorstellung mitschwingt, daß Japan sich durchaus zum Westen bekenne. Aber Japans erfolgreiche Rückkehr in die moderne Welt wurde in Wirklichkeit erleichtert durch das Weiterleben einer ganz und gar japanischen Tradition, die nun in seiner Industrie weiterlebt. Gehorsam, Disziplin und Teamarbeit, die den japanischen Industriearbeiter von heute auszeichnen, sind Eigenschaften aus der Feudalzeit Japans, als der Feudalherr seine Untertanen beschützte und dafür ihre volle Loyalität verlangte. Heute ist der Unternehmer oder das Unternehmen an die Stelle des Feudalherrn getreten, sie gewähren dem Arbeiter Schutz und Sicherheit und empfangen dafür seinen Einsatz und seinen Gehorsam.

Die Architekten wollten nicht wahrhaben, daß die Gegenwart und die Zukunft ihre Wurzeln in der Vergangenheit haben. Im Verlauf der Geschichte sind die Traditionen immer wieder Wandlungen unterworfen gewesen, durch die sie sich der Entwicklung anpassen konnten, während ihre ursprüngliche gesellschaftliche Bestimmung doch gewahrt blieb. Die Frage war stets nur gewesen, inwieweit sich die neue gesellschaftliche Situation in den traditionellen Rahmen fügen konnte.

Kaiser Konstantin vollzog einen einschneidenden Bruch mit der Vergangenheit, als er im Jahr 313 mit dem Mailänder Edikt der christlichen Kirche die volle Gleichberechtigung gewährte. Konstantin wurde so zum Wegbereiter des Christentums, doch für ihn und die Römer bedeutete dies nicht den Bruch mit allem Überlieferten, der alte Glaube hielt sich vorerst weiter und erwies sich sogar bei der Einführung der neuen Religion als hilfreich, indem einige der kleineren Götter aus dem alten Pantheon Einzug hielten in die neue Hierarchie oder wenigstens in die neue Ikonographie. Christliche Heilige konnten an die Stelle einiger der alten Götter treten, und Victoria, die geflügelte Göttin des Sieges, samt ihrer friedlichen Gefährtin Irene wandelten sich zum Engel.

Als den Kopfjägern des Südpazifik untersagt wurde, weiterhin auf Menschenjagd zu gehen und die Wände mit den Köpfen ihrer Nächsten zu zieren, fanden sie nach einer Zeit der Ratlosigkeit doch bald einen Ausweg und hielten sich nun an ihre Außenbordmotoren. Heute prangen anstelle der Köpfe die Außenbordmotoren an der Wand und bezeugen gleicherweise den sozialen Status.

Den Menschen in den westlichen Ländern und vor allem in den Vereinigten Staaten fällt es schwer, die Bedeutung der Tradition zu verstehen. Sie richten den Blick auf die Zukunft, die das Leben noch angenehmer machen wird, und das hängt mit der Anbetung des Fortschritts zusammen – des Fortschritts in der Gestalt von Forschung und Technik, die unterschwellig als Helfer aus allen Nöten empfunden werden. Im Westen ist heute der Wandel zur Tradition geworden, und keiner kann es wagen, den Wandel nicht mitzumachen, aus Sorge vor dem Zurückbleiben, keiner kann sich eine rechte Vorstellung vom Wert der Kontinuität machen. Doch Kontinuität ist, solange darunter nicht Erstarrung verstanden wird, eine mächtige positive Kraft.

Die Veränderungen, die in den traditionell bestimmten Ländern auf dem Weg zu Industrialisierung vor sich gehen, sind nicht so umwälzend und haben auch weniger mit Architektur zu tun, als man einmal glauben wollte. So hat sich zum Beispiel gezeigt, daß der Sinn des Menschen für den privaten Bereich, der seine Wahrnehmung des Raums in der Architektur leitet, nur selten einem Wandel unterliegt. Genau hier aber setzt die Tätigkeit des Architekten ein, und er kann nur den Anforderungen nachkommen oder den Bruch provozieren.

Entscheidend ist, daß traditionelle Lebensformen eine Chance zum Überleben behalten und die ererbten Erscheinungsformen der Umwelt nicht verlorengehen. Ein Drittel der Weltbevölkerung steht unter dem Zwang, sich den Bedingungen der Industriekultur anzupassen, doch Industrialisierung muß nicht heißen, daß vertraute Sitten und kulturelle Symbole automatisch aufzugeben sind. Ein Stück der traditionellen Kultur kann auch in der neuen, industrialisierten Umwelt gewahrt und sogar gefördert werden.

## Die Zukunft

Hoffnungsvoll wollen wir nun, da der Wert der Tradition erneut entdeckt wird, nicht wieder einen Katalog von vorgefaßten Ideen zusammenstellen, diesmal zu Themen wie etwa der korrekten Methodik der Einpassung eines Gebäudes oder der Anpassung an Verhaltensweisen. Eine solche Entwicklung wäre fast ebenso schädlich wie die völlige Außerachtlassung dieser beiden wichtigen Fragen.

Anstelle einer anderen Ideologie brauchen wir etwas Subtileres und Flexibleres: eine andere geistige Einstellung. Wir müssen anerkennen und brauchen dabei den Verlust unserer Individualität nicht zu fürchten, daß andere Wertvorstellungen als die des Architekten mit Vorrang zu beachten sind. Das soll nicht heißen, daß diese Wertvorstellungen des anderen die einzigen seien, die es zu beachten gilt, sondern nur, daß die Achtung vor der Würde des anderen, des Auftraggebers, zumindest die Ausführung des Konzepts verlangt, wie es diesem vorschwebt. Darüber hinaus kann der Architekt seine eigenen Alternativen anbieten. Noch jedesmal, wenn er ausschließlich seine eigenen Alternativen anzubieten hatte, hat er die Gefahr seines Versagens heraufbeschworen.

Diese neue geistige Einstellung verlangt nicht, daß der Architekt die eigene Kreativität unterdrückt. Die Grenzen der Kreativität lassen sich in der ständig weiter gehenden Erkundung der Möglichkeiten des eigenen Handwerks hinausschieben. Für solche Erkundung bieten sich viele Fragen an, etwa, wie die Atmosphäre einer vorhandenen Umgebung – sei sie modern oder sei sie traditionell – durch die Verteilung der Massen, durch die Verwendung des Details, durch die Behandlung der Textur und was sonst noch an gestalterischen Mitteln dem Architekten zur Verfügung steht, im Entwurf in möglichst idealer Weise aufzunehmen und einzubeziehen sei. Der Architekt kann, indem er auf dem Vorhandenen aufbaut, den Charakter einer Umgebung, einer Nachbarschaft, eines Stadtbezirks und die Atmosphäre einer Stadt einfangen und betonen, wann immer einem älteren Bestand ein neuer Bau hinzugefügt wird, statt das Gewachsene zu stören oder gar zu zerstören. Wenn jeder neue Bau etwas vom Alten bewahrt und zur gleichen Zeit etwas vom Neuen dazufügt, wenn er sich harmonisch dem zugesellt, was bestand, dann braucht man um den Charakter nicht zu bangen.

Die noch bestehenden Stadtlandschaften aus »vormoderner« Zeit sind keine Abraumhalden der Geschichte, mit denen man sich abfinden muß, bis sie endlich niedergewalzt werden können, um modernen Strukturen Platz zu machen. Sie sind unser wertvolles Gut, unser Erbe, und von ihnen aus lassen sich Brücken in die Zukunft schlagen.

# Anmerkungen

1 John Stuart Mill, Utilitarianism (1861). Hrsgg. und mit einer Einf. von Mary Warnock (Fontana Philosophy Classics), London 1962, S. 256

2 Adolf Loos, Trotzdem, Gesammelte Aufsätze 1900–1930, Innsbruck 1931, S. 82 (aus: Ornament und Verbrechen, geschr. 1907)

3 Antonio Sant'Elia, Messaggio, 20. Mai 1914, zitiert in: Jörn Peter Schmidt-Thomsen, Floreale und futuristische Architektur, Das Werk von Antonio Sant'Elia, Berlin 1967, S. 245

4 Aus einem Beitrag des Architekten Charles Gwathmey in: The New York Times Magazine, 21. Januar 1973

5 Bronislaw Malinowski, Argonauts of the Western Pacific (Studies in Economics and Political Science, 65), New York, N. Y., 1922, S. 58 f.

6 Luigi Barzini, The Italians (Bantam Books), New York 1972, S. 95

7 Nikolaus Pevsner, The sources of modern architecture and design, New York 1968, S. 23

8 Le Corbusier, Air craft, London 1935, Taf. 2

9 Le Corbusier 1922 · Ausblick auf eine Architektur, Übers. Hans Hildebrandt, Bearb. Eva Gärtner (Bauwelt Fundamente, 2), Berlin 1963, S. 179

10 Le Corbusier 1929 · Feststellungen zu Architektur und Städtebau, Mit einem amerikanischen Prolog und einem brasilianischen Zusatz, gefolgt von »Pariser Klima« und »Moskauer Atmosphäre«, Übers. Henni Korssakoff-Schröder (Bauwelt Fundamente, 12), Berlin 1964, S. 70

11 Le Corbusier 1922, Ausblick auf eine Architektur, Übers. Hans Hildebrandt, Bearb. Eva Gärtner (Bauwelt Fundamente, 2), Berlin 1963, S. 30

12 Hermann Muthesius, Die moderne Bewegung, in: Das Goldene Buch der Kunst (Spemanns Hausbuch, II), Berlin 1901, Nr. 1058

13 Joris-Karl Huysmans, Gegen den Strich [À rebours, 1884], Übers. Hans Jacob, Einf. Robert Baldick, mit einem Essay von Paul Valéry (Manesse Bibliothek der Weltliteratur), Zürich 1965, S. 83–85

14 Herbert Spencer, Grundsätze einer synthetischen Auffassung der Dinge, Übers. J. Victor Carus, 2. Aufl., Stuttgart 1901, S. 381

15 Walter Gropius, Die neue Architektur und das Bauhaus, Grundzüge und Entwicklung einer Konzeption (Neue Bauhausbücher, 1), Frankfurt am Main 1965, S. 56 und 57 (The new architecture and the Bauhaus, Übers. P. Morton Shand, London 1935, S. 82)

16 Le Corbusier 1922 · Ausblick auf eine Architektur, Übers. Hans Hildebrandt, Bearb. Eva Gärtner (Bauwelt Fundamente, 2), Berlin 1963, S. 159 und 162

17 Guillaume Janneau, Introduction à l'Exposition des Arts décoratifs, Art et Décoration 47, 1925, S. 132

18 Le Corbusier 1922, Ausblick auf eine Architektur, Übers. Hans Hildebrandt, Bearb. Eva Gärtner (Bauwelt Fundamente, 2), Berlin 1963, S. 166

19 Antonio Sant'Elia, Messaggio, 20. Mai 1914, zitiert in: Jörn Peter Schmidt-Thomsen, Floreale und Futuristische Architektur, Das Werk von Antonio Sant'Elia, Berlin 1967, S. 243

20 Le Corbusier 1922 · Ausblick auf eine Architektur, Übers. Hans Hildebrandt, Bearb. Eva Gärtner (Bauwelt Fundamente, 2), Berlin 1963, S. 22

21 Walter Gropius, Die neue Architektur und das Bauhaus, Grundzüge und Entwicklung einer Konzeption (Neue Bauhausbücher, 1), Frankfurt am Main 1965, S. 18 (The new architecture and the Bauhaus, Übers. P. Morton Shand, London 1935, S. 20)

22 Ebenezer Howard, Gartenstädte von morgen, Das Buch und seine Geschichte, Hrsg. Julius Posener (Bauwelt Fundamente, 21), Berlin 1968, S. 54 (Garden cities of to-morrow, London 1902)

23 Walter Gropius, Die soziologischen Grundlagen der Minimalwohnung für die städtische Bevölkerung, in: Die Wohnung für das Existenzminimum, Hrsg. Internationale Kongresse für Neues Bauen und Städtisches Hochbauamt in Frankfurt am Main, Frankfurt am Main 1930, S. 17 f.

24 Alison Smithson und Peter Smithson, Urban structuring, New York 1967, S. 18

25 Alison Smithson und Peter Smithson, Scatter, Architectural Design 29, 1959, S. 150

26 Alison Smithson und Peter Smithson, Team 10 primer, Cambridge, Mass., 1974, S. 52

27 Alison Smithson und Peter Smithson, Urban structuring, New York 1967, S. 33

28 Vladimir Bodiansky, Georges Candilis und Shadrach Woods, Collective housing in Africa, Architectural Design 24, 1954/55, S. 150

29 Walter Gropius, Organische Nachbarschaftsplanung (1949), in: Walter Gropius, Architektur, Wege zu einer optischen Kultur (Fischer Bücherei, 127), Frankfurt am Main 1956, S. 107

30 Ruth Benedict, The chrysanthemum and the sword, Boston, Mass., 1946, S. 14

# Bibliographie

*Übergreifende Darstellungen zum Thema*

Banham, Reyner. Theory and design in the First Machine Age, London 1960 –
deutsch: Die Revolution der Architektur, Theorie und Gestaltung im Ersten
Maschinenzeitalter, Übers. Wolfram Wagmuth (Rowohlts Deutsche Enzyklopädie, 209/210), Reinbek 1964

Giedion, Sigfried. Mechanization takes command, A contribution to anony-
mous history, New York, N. Y., 1948

Giedion, Sigfried. Architektur und Gemeinschaft, Tagebuch einer Entwicklung (Rowohlts Deutsche Enzyklopädie, 18), Hamburg 1956

Giedion, Sigfried. Space, time and architecture, Cambridge, Mass., 1956 –
deutsch: Raum, Zeit, Architektur, Die Entstehung einer neuen Tradition,
Ravensburg 1965

Klingender, Francis Donald. Art and the industrial revolution, Hrsg. und Bearb. Arthur Elton, New York 1968 – deutsch: Kunst und industrielle Revolution, Übers. Eva Schumann, Frankfurt am Main 1977

Laslett, Peter. The world we have lost, England before the industrial age, London 1965

Lynch, Kevin. The image of the city, Cambridge, Mass., 1960 – deutsch: Das
Bild der Stadt, Übers. Henni Korssakoff-Schröder und Richard Michael
(Bauwelt Fundamente, 16), Berlin 1965

Osborne, Harold. Aesthetics and art theory, An historical introduction,
London 1968

Pevsner, Nikolaus. Pioneers of the modern movement, From William Morris to
Walter Gropius, London 1936

Platz, Gustav Adolf. Die Baukunst der neuesten Zeit (Propyläen-Kunstge-
schichte), Berlin 1930

Polanyi, Karl. The great transformation, The political and economic origins of
our time, Vorw. Robert M. MacInver, Boston, Mass., 1968 – deutsch: The
Great Transformation, Politische und ökonomische Ursprünge von Gesellschaften und Wirtschaftssystemen, Übers. Heinrich Jelinek, Wien 1977

Weber, Max. Die protestantische Ethik und der Geist des Kapitalismus (Gesammelte Aufsätze zur Religionssoziologie, 1–3), Tübingen 1920/21

Zevi, Bruno. Storia dell'architettura moderna, Turin 1975

Dresser, Christopher. Principles of decorative design, London 1873

Garvey, M. A. The silent revolution, or the future effects of steam and electricity upon mankind, London 1852

Hogarth, William. The analysis of beauty, London 1753 – deutsch: Die Zergliederung der Schönheit, Übers. Christlob Mylius, Berlin 1754

Pevsner, Nikolaus. High Victorian design, A study of the exhibits of 1851, London 1951

Pevsner, Nikolaus. The sources of modern architecture and design, New York 1968 – deutsch: Der Beginn der modernen Architektur und des Design (Du Mont Dokumente), Köln 1971

Pugin, Augustus Welby. Contrasts, Or a parallel between the architecture of the 15th and 19th centuries, London 1836

Pugin, Augustus Welby. The true principles of pointed or Christian architecture, London 1841

Redgrave, Richard. The Great Exhibition of 1851, Supplementary report on design, London 1851

Redgrave, Richard. On the necessity of principles in teaching design, London 1853

Ruskin, John. The seven lamps of architecture, London 1849

Schild, Erich. Zwischen Glaspalast und Palais des Illusions, Form und Konstruktion im 19. Jahrhundert (Bauwelt Fundamente, 20), Berlin 1967

Semper, Gottfried. Wissenschaft, Industrie und Kunst, Vorschläge zur Anregung nationalen Kunstgefühles, Braunschweig 1852

Semper, Gottfried. Der Stil in den technischen und tektonischen Künsten, Ein Buch für Techniker, Künstler und Kunstfreunde, 2 Bde., Frankfurt am Main 1860–1863

Weltausstellungen im 19. Jahrhundert. Idee, Auswahl und Texte Christian Beutler, mit einem Beitr. von Günter Metken (Kat. Die Neue Sammlung, Staatliches Museum für angewandte Kunst), München 1973

Weltausstellung London 1851. The Great Exhibition of 1851, Official catalogue, 3 Bde., 1 Suppl.-Bd., London 1851. Lothar Bucher, Kulturhistorische Skizzen aus der Industrie-Ausstellung aller Völker, Frankfurt am Main 1851. The Great Exhibition of 1851, A commemorative album, zus. gest. von S. H. Gibbs-Smith, London 1950

Whewell, William. Lectures on the results of the Great Exhibition delivered before the Society of Arts, Manufacturers and Commerce, London 1852

Wittek, Karl H. Die Entwicklung des Stahlhochbaus, von den Anfängen (1800) bis zum Dreigelenkbogen (1870) (Beiträge zur Technikgeschichte, 2), Düsseldorf 1964

Baumgarth, Christa. Geschichte des Futurismus (Rowohlts Deutsche Enzyklopädie, 248/249), Reinbek 1966

Booraem, H. Toler. Architectural expression in a new material, The Architectural Record 23, 1908, S. 249–268

Crane, Walter. The claims of decorative art, London 1892 – deutsch: Die Forderungen der dekorativen Kunst, Berlin 1896

Crane, Walter. The English revival of the decorative arts, Fortnightly Review 1892, S. 810–823

Crane, Walter. The bases of design, London 1898 – deutsch: Die Grundlagen der Zeichnung, Leipzig [1901]

Crane, Walter. Line and form, From lectures given at Manchester School of Art, London 1900 – deutsch: Linie und Form, Leipzig 1901

De Zurko, Edward Robert. The origins of functionalist theory, New York, N. Y., 1957

Die deutsche Gartenstadtbewegung. Zusammenfassende Darstellung über den heutigen Stand der Bewegung, Berlin 1911

Aus englischen Gartenstädten. Beobachtungen und Ergebnisse einer sozialen Studienreise, Hrsg. Deutsche Gartenstadt-Gesellschaft, Berlin 1910

Gibson, Charles Robert. The romance of modern manufacture, A popular account of the marvels of manufacturing, London 1910

Howard, Sir Ebenezer. To-morrow: A peaceful path to real reform, London 1898; Neuausg.: Garden cities of to-morrwo, London 1902 – deutsch: Gartenstädte von morgen, Das Buch und seine Geschichte, Hrsg. Julius Posener (Bauwelt Fundamente, 21), Berlin 1968

Loos, Adolf. Ornament und Verbrechen [geschr. 1907, zuerst veröffentl. 1908], wiederabgedr. in: Adolf Loos, Trotzdem, Gesammelte Aufsätze 1900–1930, Innsbruck 1931, S. 81–94

Maus, Octave. Les industries d'art au Salon de la Libre esthétique, Art et décoration 1, 1897, S. 44–48

Meyer, Alfred Gotthold. Eisenbauten, ihre Geschichte und Ästhetik, Eßlingen 1907

Morris, William. Art and its producers, and the arts and crafts of to-day, Two addresses delivered before the National Association for the Advancement of Art, London 1901

Morris, William. Architecture, industry and wealth, Collected papers, London 1902

Morris, William. On art and socialism, Essays and lectures, Hrsg. H. Jackson, London 1947

Muthesius, Hermann. Architektonische Zeitbetrachtungen, Ein Umblick an der Jahrhundertwende, Festrede gehalten im Architekten-Verein zu Berlin zum Schinkelfeste am 13. März 1900, Berlin 1900

Muthesius, Hermann. Die moderne Bewegung, in: Das Goldene Buch der Kunst (Spemanns Hausbuch, II), Berlin 1901, Nr. 1029–1066

Muthesius, Hermann. Stilarchitektur und Baukunst, Wandlungen der Architektur und der gewerblichen Künste im 19. Jahrhundert und ihr heutiger Standpunkt, Mülheim an der Ruhr 1902

Naylor, Gillian. The Arts and Crafts movement: A study of its sources, ideals and influence on design theory, London 1971

Posener, Julius. Anfänge des Funktionalismus, Von Arts and Crafts zum Deutschen Werkbund (Bauwelt Fundamente, 11), Berlin 1964

Programme und Manifeste zur Architektur des 20. Jahrhunderts, zusammengestellt und kommentiert von Ulrich Conrads (Bauwelt Fundamente, 1), Berlin 1964

Sant'Elia, Antonio. Messaggio, 20. Mai 1914, wieder abgedr. in: M. Drudi Gambillo und T. Fiori (Hrsg), Archivi del futurismo, Bd. 1 (Archivi dell'arte contemporánea, 1), Rom 1958, S. 121–124 – deutsch in: Jörn Peter Schmidt-Thomsen, Floreale und futuristische Architektur, Das Werk von Antonio Sant'Elia, Berlin 1967, S. 243–246

Schmidt-Thomsen, Jörn Peter. »La città futurista« – Über die Architektur von Antonio Sant'Elia. Das Werk 54, 1967, S. 216–220

Schmidt-Thomsen, Jörn Peter. Floreale und futuristische Architektur, Das Werk von Antonio Sant'Elia, Berlin 1967

Sitte, Camillo. Der Städtebau nach seinen künstlerischen Grundsätzen, Wien 1889; Neuausg.: Der Städtebau nach seinen künstlerischen Grundsätzen, Nachdr. der 3. Aufl., Wien 1901, und des Originalmanuskriptes aus dem Jahre 1889, Wien 1972 – französisch: L'art de bâtir les villes, Übers. Camille Martin, Paris 1902 – englisch: The art of building cities, Übers. Charles T. Steward, New York 1945/City planning according to artistic principles, Übers. George R. Collins und Christiane Crasemann Collins, London 1965

van de Velde, Henry. Vom neuen Stil, Leipzig 1907

van de Velde, Henry. Le nouveau, son apport à l'architecture et aux industries d'art, Hrsg. Les Amis de l'Institut Supérieur des Arts Décoratifs, Brüssel 1929

van de Velde, Henry. De la forme pure utilitaire, Das Werk 36, 1949, S. 243–246

Waentig, Heinrich. Wirtschaft und Kunst, Eine Untersuchung über Geschichte und Theorie des modernen Kunstgewerbes, Jena 1909

Zevi, Bruno. Poetica di Sant'Elia e ideologia futurista, L'architettura, Cronache e storia 6, 1956, S. 476 f.

Chase, Stuart. Men and machines, New York 1929 – deutsch: Moloch Maschine, Die Kultur- und Wirtschaftskrise der Welt, Übers. und Bearb. A. Pfeiffer, Stuttgart [1930]

CIAM/Team 10. CIAM 10 projects, Architectural Design 25, 1955, S. 286–289. CIAM Team 10, Architectural Design 30, 1960, S. 175–205, Dossier: Team 10 + 20, L'Architecture d'aujourd'hui 1975, Nr. 177, S. 1–66

Gans, Herbert J. The Levittowners, Ways of life and politics in a new suburban community (Vintage Book, 491), New York, N. Y. 1967 – deutsch: Die Levittowner, Soziographie einer »Schlafstadt«, Übers. u. Bearb. Siegfried Schuster (Bauwelt Fundamente, 26), Gütersloh 1969

Greenough, Horatio. Form and function, Remarks on art, Hrsg. Harold A. Small, Einf. Eve Loran, Berkeley, Cal., 1947

Gropius, Walter. The new architecture and the Bauhaus, London 1935 und New York, N. Y., 1936 – deutsch: Die neue Architektur und das Bauhaus, Frankfurt am Main 1965

Gropius, Walter. Organic neighbourhood design, in: Housing and town and country planning, United Nations, Department of Social Affairs, Bull. no. 1, Lake Success, N. Y., 1949, S. 2–5; wiederabgedr. in: Walter Gropius, Scope of total architecture, London 1956, S. 131–138 – deutsch: Organische Nachbarschaftsplanung, in: Walter Gropius, Architektur, Wege zu einer optischen Kultur (Fischer Bücherei, 127), Frankfurt am Main 1956, S. 106–112

Gropius, Walter. Scope of total architecture, New York, N. Y., 1955 und London 1956 – deutsch: Architektur, Wege zu einer optischen Kultur (Fischer Bücherei, 127), Frankfurt am Main 1956

Häring, Hugo. Die Ausbildung des Geistes zur Arbeit an der Gestalt, Fragmente (Schriftenrh. der Akademie der Künste Berlin, 1), Berlin 1968

Hitchcock, Henry Russell und Johnson, Philip. The international style, Architecture since 1922, New York, N. Y., 1932

Ivins, William Mills, Jr. Art and geometry, A study in space intuition, New York, N. Y., 1964

Le Corbusier. Vers une architecture (Collection de »L'Esprit Nouveau«), Paris 1923 – englisch: Towards a new architecture, Übers. Frederick Etchells, New York und London 1927 – deutsch: Kommende Baukunst, Übers. Hans Hildebrandt, Stuttgart 1926; Neuausg.: Le Corbusier 1922 · Ausblick auf eine Architektur, Übers. Hans Hildebrandt, Bearb. Eva Gärtner (Bauwelt Fundamente, 2), Berlin 1963

Le Corbusier. L'art décoratif d'aujourd'hui (Collection de »L'Esprit Nouveau«), Paris 1925

Le Corbusier. Urbanisme (Collection de »L'Esprit Nouveau«), Paris 1925 – englisch: The city of to-morrow and its planning, Übers. Frederick Etchells, New York, N. Y., 1927 und London 1929 – deutsch: Städtebau, Übers. Hans Hildebrandt, Stuttgart 1929

Le Corbusier. Précisions sur un état présent de l'architecture et de l'urbanisme (Collection de »L'Esprit Nouveau«), Paris 1929 – deutsch: Le Corbusier 1929 · Feststellungen zu Architektur und Städtebau. Mit einem amerikanischen Prolog und einem brasilianischen Zusatz, gefolgt von »Pariser Klima« und »Moskauer Atmosphäre«, Übers. Henni Korssakoff-Schröder (Bauwelt Fundamente, 12), Berlin 1964

Le Corbusier. Air craft, London 1935

Marinetti, Filippo Tommaso. Fondazione e manifesto del futurismo, 11. Februar 1909, wiederabgedr. in: M. Drudi Gambillo und T. Fiori (Hrsg.), Archivi del futurismo, Bd. 1 (Archivi dell'arte contemporanea, 1), Rom 1958, S. 15–19 – deutsch: Gründung und Manifest des Futurismus, Übers. Christa Baumgarth, in: Christa Baumgarth, Geschichte des Futurismus (Rowohlts Deutsche Enzyklopädie, 248/249), Reinbek 1966, S. 23–29

Nairn, I. Spec-built: 1. The four failures – 2. A few successes, Architectural Review 129, 1961, S. 163–181

Ozenfant, Amédée. Art, 1. Bilan des arts modernes, 2. Structure d'un nouvel esprit, Paris 1928 – deutsch: Leben und Gestaltung, Übers. Gertrud Grohmann, Potsdam 1931

Pehnt, Wolfgang. Die Architektur des Expressionismus, Stuttgart 1973

Pehnt, Wolfgang. Architektur, in: Giulio Carlo Argan, Die Kunst des 20. Jahrhunderts 1880–1940 (Propyläen Kunstgeschichte, Bd. 12), Berlin 1977, S. 331–397

Perry, Clarence Arthur. The neighborhood unit, A scheme of arrangement for the family community, New York 1929

Reichow, Hans Bernhard. Die autogerechte Stadt, Ein Weg aus dem Verkehrs-Chaos, Ravensburg 1959

Rossi, Aldo. L'architettura della città (Biblioteca di architettura e urbanistica 8), Padua 1970 – deutsch: Die Architektur der Stadt, Skizze zu einer grundlegenden Theorie des Urbanen, Übers. Arianna Giachi (Bauwelt Fundamente, 41), Gütersloh 1973

Tafuri, Manfredo. Progetto e utopia, Architettura e sviluppo capitalistico, Bari 1973 – deutsch: Kapitalismus und Architektur, von Corbusiers »Utopia« zur Trabantenstadt (Analysen zum Planen und Bauen, 9), Hamburg 1977

Tafuri, Manfredo und Dal Co, Francesco. Architettura contemporanea, Mailand 1971 – deutsch: Architektur der Gegenwart (Weltgeschichte der Architektur, Hrsg. Pier Luigi Nervi, 9), Stuttgart 1977

## Die Stimmen der Neubesinnung: Die Gegenwart

Albers, Gerd. Ideologie und Utopie im Städtebau, in: Wolfgang Pehnt, Hrsg., Die Stadt in der Bundesrepublik Deutschland, Lebensbedingungen, Aufgaben, Planung, Stuttgart 1974, S. 453–476

Bahrdt, Hans Paul. Die moderne Großstadt, Soziologische Überlegungen zum Städtebau, Hamburg 1961

Bahrdt, Hans Paul. Humaner Städtebau, Überlegungen zur Wohnungspolitik und Stadtplanung für eine nahe Zukunft (Zeitfragen, 4), Hamburg 1968

Banham, Reyner. Park Hill Housing, Sheffield, Architectural Review 130, 1961, S. 402–410

Banham, Reyner. The architecture of the well-tempered environment, London 1969

Brolin, Bent und Zeisel, John. Mass housing: Social research and design, Architectural Forum (Boston, Mass.) 28, 1968, Juli/Aug., S. 66–71

De Carlo, Giancarlo. Questioni di architettura e urbanistica, Urbino 1965

De Carlo, Giancarlo. An architecture of participation (Royal Australian Institute of Architects), Melbourne 1972

De Wolfe, Ivor. The Italian townscape, Sketches and plans drawn by Kenneth Browne, London 1963 und New York, N. Y. 1966

Drew, Jane. Chandigarh capital, city project, Architects' Yearbook (London) 5, 1953, S. 56–66

Klotz, Heinrich. Architektur in der Bundesrepublik, Gespräche mit Günter Behnisch, Wolfgang Döring, Helmut Hentrich, Hans Kammerer, Otto Frei, Oswald M. Ungers, Frankfurt am Main 1977

Mielke, Friedrich. Denkmalpflege, in: Wolfgang Pehnt, Hrsg., Die Stadt in der Bundesrepublik Deutschland, Lebensbedingungen, Aufgaben, Planung, Stuttgart 1974, S. 295–310

Mitscherlich, Alexander. Die Unwirtlichkeit unserer Städte, Anstiftung zum Unfrieden (Edition Suhrkamp, 123), Frankfurt am Main 1976

Pahl, R. E. Is the mobile society a myth?, Architectural Design 38, 1968, S. 412–415

Pye, David W. The nature of design, New York, N. Y., 1964

Rudolph, Lloyd L. und Rudolph, Susanne Hoeber. The modernity of tradition, Political development in India, Chicago, Ill., 1967

Schulz, Eberhard. Das kurze Leben der modernen Architektur, Betrachtungen über die Spätzeit des Bauhauses, Stuttgart 1977

Smithson, Alison Margaret und Smithson, Peter. Aesthetics of change, Architects' Yearbook (London) 8, 1957, S. 14–22

Smithson, Alison & Peter. Cluster City, Architectural Review 122, 1957, S. 333–336

Smithson, Alison & Peter. Scatter, Architectural Design 29, 1959, S. 149 f.

Smithson, Alison & Peter. The function of architecture in cultures-in-change, Architectural Design 30, 1960, S. 149–152

Smithson, Alison & Peter. The heroic period of modern architecture, Architectural Design 35, 1965, S. 590–643

Smithson, Alison & Peter. Urban structuring, Studies, London und New York, N. Y., 1967

Smithson, Alison & Peter. Criteria for mass housing, Architectural Design 37, 1967, S. 393–427

Smithson, Alison & Peter. Ordinariness and light, Urban theories 1952-1960 and their application in a building project 1963–1970, London 1970 (darin: Aesthetics of change, S. 154–159; Cluster city, S. 128–134; Scatter, S. 160–165; The function of Architecture, S. 166–175)

Taylor, N. The failure of housing, Architectural Review 142, 1967, S. 341–359

Vogt, Adolf Max. Architektur und Design, in: Edward Lucie-Smith, Sam Hunter und Adolf Max Vogt, Die Kunst der Gegenwart (Propyläen Kunstgeschichte, Suppl.-Bd. 2), Berlin 1978, S. 100–134 und (zus. mit Ulrike Jehle-Schulte Strathaus, Bruno Reichlin und Margot Staber) 247–319

# Personenregister

Isaac
Asimov

**Drehmomente**
Ullstein Buch 3330

**Von Zeit
und Raum**
Ullstein Buch 34021

**Aller Anfang
ist Schwere**
Ullstein Buch 34002

**Quasar, Quasar
leuchte weit**
Ullstein Buch 34022

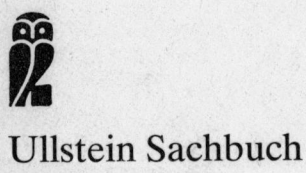

Ullstein Sachbuch

# Theodor W. Adorno

# Philosophie der neuen Musik

Ullstein Buch 2866

Adornos Werk ist seit seinem ersten Erscheinen (1948) bis in unsere Tage der Schlüssel zur gesellschaftlichen und philosophischen Deutung der jüngsten Musik geblieben. »Durch dieses Buch bekommt man einen Begriff von der komplexen Leistung moderner Philosophie. Meinem Einblick nach vollzieht sich hier die großartigste Auseinandersetzung mit dem Problem der zeitgenössischen Musik seit Nietzsches Anti-Wagner.«

Max Bense

Ullstein Materialien

# Walter Laqueur

# Weimar –
# Die Kultur
# der Republik

Mit zahlreichen
Abbildungen

Ullstein Buch 3383

Die Gründung der Weimarer
Republik gab den Weg frei
für die Entstehung der ersten
modernen Kultur Europas.
Ein außerordentlicher Reichtum von geistigen Strö-
mungen und künstlerischen
Richtungen brach sich Bahn.
Laqueur gelang hier der
schwierige Versuch, die
Geschichte der Weimarer
Kultur mit der Geschichte
der Republik zu verbinden.

Ullstein
Zeitgeschichte